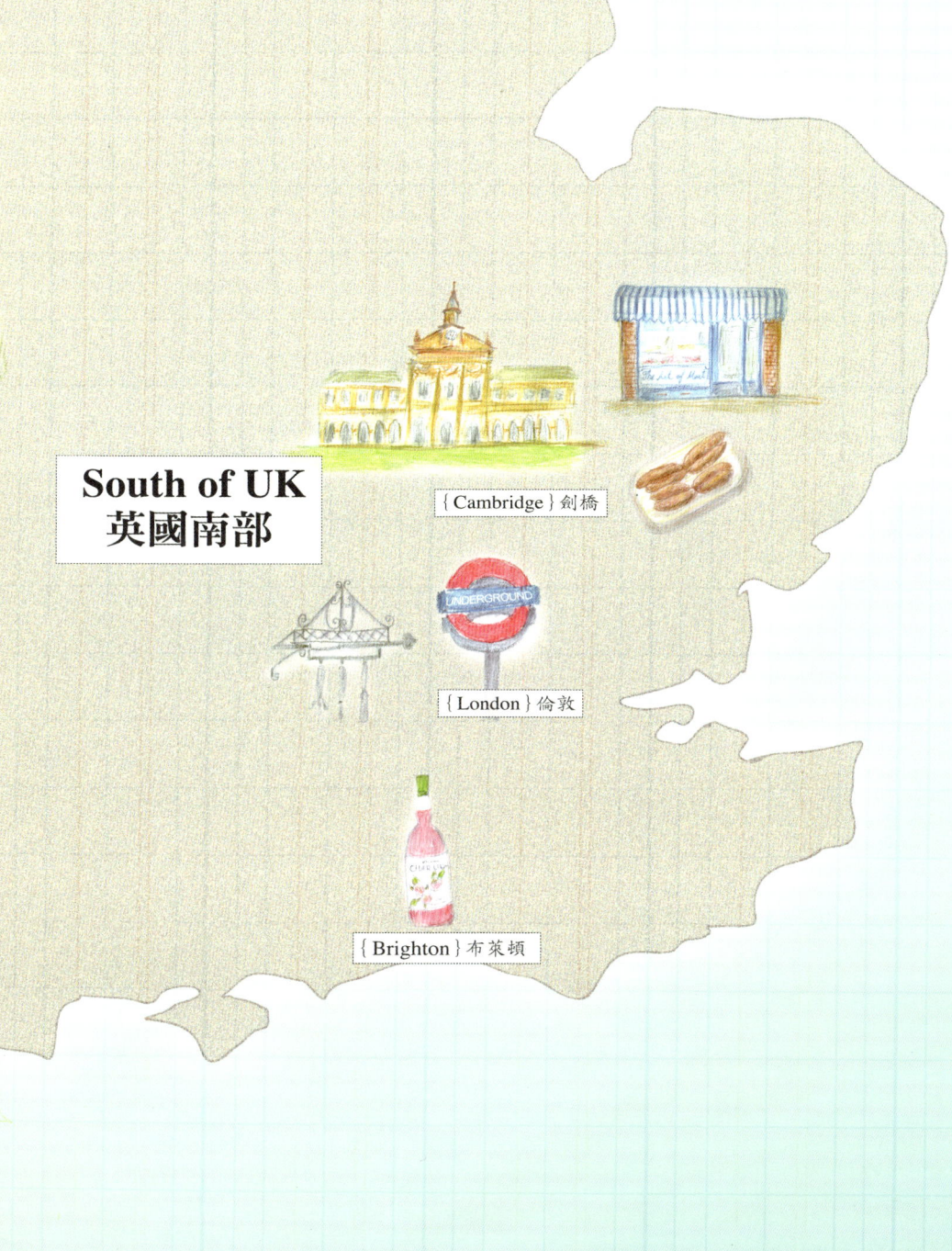

我恨炸魚薯條
愛上英國美味

Beyond Fish & Chips

熊怡凱/著

004 〔自序〕充滿驚喜的英國味覺之旅

Part 1 英國東南:倫敦、布萊頓、劍橋

014 倫敦,從美食大熔爐到全球最佳美食之都
│倫敦特色湯・鱈魚煎乳酪蛋餅・倫敦莓果琴酒

024 Fortnum & Mason,貴族的百年紅茶食品公司
│正山小種茶水果蛋糕

032 「肥鴨」,世界之最的餐廳
│簡易版三星料理──蘇格蘭高地牛葉肉佐羅勒杏仁青醬

042 巴羅市場,老饕的世界美食聚集地
│勒德洛藍紋乳酪麵包

052 倫敦的中國吃,東方與西方的美食交融
│腐竹牛肉丸

060 避暑勝地布萊頓,嬉皮與藝術家靈修的海邊
│燻鮭魚派佐印度風椰汁扁豆

072 人文薈萃的劍橋,微生物學家經營的肉鋪
│蟾蜍在洞

Part 2 英國西南:威爾斯、安格西、卡地夫灣、康瓦耳、得文

084 威爾斯,獨樹一格的傳統庶民風味

088 讓人流連忘返的史旺西市場
│烤鹽沼羊肩肉兩式

098 北威爾斯小島安格西,四星B&B與海鮮餐廳
│海苔麥片煎餅與威爾斯傳統早餐

106 卡地夫灣,義大利餐廳的威爾斯菜
│威爾斯傳統蔬菜燉肉湯

112 康瓦耳,讓小鎮房價增值的電視名廚瑞克・史坦
│英式馬鈴薯海鮮派

122 得文,小酒館裡的大美味
│蘋果酒雞腿捲・Scrumpy蘋果酒泡

Beyond Fish & Chips 〔Contents〕

Part 3 英國西北：蘭開夏、曼徹斯特、湖區

- 134 中部西北，體現不列顛精神的「怪」美食
- 140 米其林餐廳的蘭開夏羊肉鍋
  | 蘭開夏熱鍋燉肉・醃漬紫色高麗菜
- 152 曼徹斯特的粵菜與港式點心
  | 茄子雙魚夾
- 160 足球與Pub裡的美食
  | 牛津肉腸
- 170 英國最大咖哩之路，羅斯宏的印度菜、甜食與中東點心
  | 中東烤大餅
- 178 湖區，坎布里亞的捲心香腸與太妃糖
  | 坎布里亞香腸佐馬鈴薯泥

Part 4 英國北部：約克夏、蘇格蘭

- 192 約克夏，神的國度，美食的溫床
- 194 貝蒂茶屋，英國精緻下午茶
  | 約克夏凝乳塔
- 202 星期日烤肉餐與約克夏布丁
  | 英式烤豬腳
- 208 蘇格蘭的獨特吃食及其他
  | 印度風蘇格蘭油封鮭魚
- 218 蘇格蘭威士忌，高山溪潤釀的酒：格蘭菲迪
  | 裸麥麵包威士忌咖啡冰淇淋・威士忌冷氣泡酒

- 231 〔附錄〕英國美食哪裡找？精選店家蒐錄

自序 # 充滿驚喜的**英國味覺之旅**

英國，英國？

那是有女王和黛安娜王妃的地方吧！彬彬有禮的紳士，陰雨綿綿的抑鬱天氣，足球金童大衛貝克漢，還有呢？

噢！還有！

是個有糟食物的地方！是整天只會吃炸魚薯條的奇怪國家！！

然而這本書希望讓大家知道，這句話已經不再適用於英國，要讓讀者認識這些年來我在英國尋訪到的真正美味。

英國有句老話說：「在英國你如果要吃得好，就得吃三頓早餐。」

這麼聽起來，英國在許多方面似乎都讓人有著輝煌的印象，唯獨食物卻令人滿是失望！

英國食物感覺起來確實比較缺乏變化。然而，就我住在英國將近十年的體驗而言，或許英國人不像自由揮灑浪漫的法國人口欲期永遠不滿，不像美國人有著兼容並蓄的好胃口；但英國人的食物卻有自己獨特的風情，或許不懂他的人只看見他穿著那件灰土色的羊毛背心，多半時候像個家教良好的保守男子，但真的了解他後，才發現這個「英國紳士」的內心，除了剛毅不苟外，也可以像馳騁球場的玩家，有著熱情奔放的一面，可以精緻如貴族，粗野如莽夫。

左. 牛津大學附近的雕像。　右. 舉世聞名的麗池酒店。

由左至右．英國的黑色計程車、哈洛德百貨公司、倫敦中國城的牌樓。

　　以英國社會結構而言，英國一向是個階級分明的國家，從皇家、貴族、爵士、武士，到一般平民百姓與僕役、漁夫、礦工。戰後，英國移入許多印度人、巴基斯坦、非洲、加勒比海、義大利、中國人等，他們來到英國做戰後復興與建設的苦力，或是醫院中的護佐，而這些外來的勞工同時也帶來各自豐沛的背景和文化。直到現在，雖然英國的階級與種族歧視的狀況仍在，可是最大的改變，則是藉由多元的食物形態，沒有距離地就融入了英國的飲食文化中，讓英國食物也大大增加了其深度與廣度。

　　英國到處都有印度或伊斯蘭的聚落，而在黑人社區、中國城、義大利區等，也都能品嘗到各地食物的原汁原味。有些菜餚因為因應這裡顧客追求美食的需求，甚至超越原產地的料理方式，而更加精緻好吃！至於英國的傳統料理則處處可見這種文化上的融合。

　　從歷史上來看，英國這個大島，原本分為英格蘭、蘇格蘭、威爾斯、愛爾蘭等幾個國家，直到後來經過無數征戰，才融合為現在我們所知道的「大不列顛」。因此，英國人的地域性與自我歸屬感很強，各地仍保有獨特的飲食與傳統，即便現在已經融合許多，但仍各異其趣。

　　北邊的哈德良長城（Hadrian's Wall）幾乎可以反映出英國人吃苦耐勞和堅毅的民族性。而他們的餐桌就如同象徵符號般，體現這個國家人民的個性。

　　比如說愛爾蘭人，因地理位置的分隔，所以在受到大不列顛王國統治了幾個世紀之後，幾乎仍完好保有飲食文化上的傳統。而威爾斯，也因與英格蘭地區交通不便利，加上民族性較為溫婉，使得當時的英王即使統治了他們，也仍讓他們享有些許自由，於是他們的傳統食物，以及語言和文字，就這樣靠著「口舌」相傳，代代綿延下來。相較之下，蘇格蘭人個性強悍，長年不斷反抗統一，爭取獨立，反而讓英王更加強制施壓，要他們屈服，以致蘇格蘭人和英格蘭人文化較趨向合一。

　　世界大戰後，英國人的食物一直是靠政府糧食配給，而多半就是罐頭乾糧等，所以有很長一段時間，英國人吃飯就是開個罐頭，如煮得黃黑的四季豆、青豌豆，家中有特別日子要慶祝則開一罐鮭魚罐頭！所以大家對英國人「惡食」的印象，大概就是從這個年代開始的。英國人鮮少吃新鮮蔬菜，擺在餐盤上的食物也引不起食慾，但是對如此飲食長大的英國人而言，罐頭食物是兒時記憶不可或缺的一環，別有一番懷舊感，所以直到現在，罐頭茄汁豆、豌豆泥、罐頭魚，還有粉狀的肉汁粉（Gravy Powder）、卡士達粉（Custard Powder）等，仍是英國人永不厭膩的最愛！

由左至右. 各種醃漬菜與洽特尼醬、倫敦街頭出現的法式小點、百貨公司美食街賣的煙燻鮭魚慕斯、中東的沙威瑪大餅、價格上萬的魚子醬、各種美麗鮮豔的夏日莓果。

　　之後經濟起飛，全球化的影響下，金融中心的英國，特別是大都會倫敦，食物當然也無可避免融入各地因子，如到處都有的摩洛哥中東菜、酒吧裡的泰國菜、大街小巷都有的印度快餐店、四處林立的中餐館，遑論還有法國菜、倫敦街頭掀起風潮的壽司小店、高價位時髦的無國界餐廳，都替英國飲食面貌裝點得繽紛多采，秀色可餐。

　　地理上來看，英國的各個角落，甚至邊緣的小島都有令人翹起大拇指讚賞的農作和畜牧產品。因著多元的地理環境，也造就出不同區域的特殊產物和地方菜色。

　　特別值得一提的是英國的自然景觀：不高的丘陵上，幾乎沒有一顆樹！所有樹都砍伐盡淨，這個因為養殖綿羊而形成的特殊環境，造就出極高品質的羊肉。更特別的是在威爾斯的沿海地區，有一種堪稱絕世美味的鹽沼羊（Salt Marsh Lamb），這種羊養在海邊，吃的是水草，肉質鮮甜。

　　而在中部山區，如約克，外形像迷你小鍋子的豬肉派和持久不易壞的食物都很受歡迎，因為山區居民狩獵時會隨身帶著充飢。在康瓦耳郡，大餃子般傻氣的康瓦耳派，可以揣在懷裡帶著去上工，是因應礦工需要而做的食物。

Beyond Fish & Chips _008

　另有一些食物就直接以市鎮名字命名，比如：約克夏布丁，是種類似軟泡芙的中空餅；名為「布丁」，卻多半是鹹的，佐烤牛肉或香腸一起食用。還有種食物只能在當地的小市場才能找到，就是班柏瑞餅（Banbury Cake），一種橢圓形的小酥餅，中間包著葡萄乾，以香料和玫瑰水調味；這種餅可以保存超過一個月，據說是15世紀時從基督教聖地傳來的點心，現在只有在牛津郡的班柏瑞才找得到。

　近幾年，英國越來越注重美食文化，主要是媒體強大影響力使然，如一些電視明星大廚，大大影響了英國人對「吃」的觀點。他們除了精采生動地展現各自富創意特色的廚藝，更特別的是他們都有著明星般迷人的個性和特質，比如「Naked Chief」傑米・奧立佛（Jamie Oliver），靠著大男孩般的精力和天真笑容，籠絡了世界各地和台灣觀眾的心！他為了改善小學生的營養午餐，力爭與總統見面取得資金。其他如擁有多家米其林餐廳的高登・蘭姆西（Gordon Ramsay），以及以分子廚藝聞名、多次榮獲「世界第一名廚」美譽的「肥鴨」（The Fat Duck）餐廳主廚赫斯頓・布魯門索（Heston Blumenthal），都一起為了各項飲食議題奮戰，如食材的來源、食物量產帶來的後果、全球暖化的影響、剝削第三世界國家，宣導使用英國在地物產，避免進口太多外來農產品，鼓吹保護地球環境，為改善英國人的飲食惡習而不遺餘力。美食與高消

費，並不等於所謂的高品質生活；相反的，他們提倡的是返樸歸真，在自家後院耕種，過著自給自足的生活。他們已經不只是廚師，也關心廚房以外的世界；美食也不再僅僅只是美食，而是改變世界的方法之一。

仔細探究下，英國擁有非常有趣的飲食文化，可藉此窺探出英國的貴族生活和市井民風。這本書將以英國各地城市和區域做分類，帶大家一探我們可能不知道的英國美食寶藏，讓讀者知道英國絕對不只單調的炸魚薯條，跟著書中介紹的美食，遊歷各地歷史遺跡和精緻文化，以舌尖一嘗英國的豐富！

每個篇章後也附上我精心製作的菜餚和食譜，大開眼界的同時，也有機會自己動手做書中提及的美食，讓你在家也能用味蕾神遊英國！

左. 英國宏偉的城堡（陳育寬攝）。
右. 海鮮馬鈴薯派。

哈德良長城（Hadrian's Wall）

公元122年，羅馬皇帝哈德良為保衛不列顛西北邊疆而下令興建的一道石牆屏障，用以防禦蠻族入侵。長城東起泰恩河（Tyne）的沃爾森（Wallsend），西至索爾威灣（Solway）的鮑尼斯（Bowness），全長118公里。主要由不列顛三個軍團的士兵所建造，但配有第二線的輔助部隊，目的是控制跨越邊界的活動，並對付低度的威脅。城牆上建有塔、保壘和兵營，駐守在城上的部隊，所受的訓練和裝備都是用來對付城外的敵人，而不是在城牆頂上戰鬥。

哈德良統治後期（公元76-138在位），長城的建造仍在繼續。繼任者安東尼‧庇護（Antoninus Pius，138～161在位）統治時，哈德良長城被捨棄，而採用安東尼長城。但後來哈德良長城又繼續使用，直到約410年羅馬結束在不列顛的統治為止。哈德良長城有許多地段的建築結構，至今仍可見到。

Part 1 London & Brighton & Cambridge
英國東南：倫敦、布萊頓、劍橋

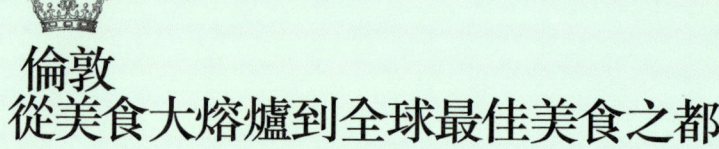

倫敦
從美食大熔爐到全球最佳美食之都

倫敦是英國的首都,來自世界各地的文化也影響這裡的飲食風格。這座城市到處有不同種族的群聚社區,所以可在這裡發現各個族裔的食物。也正是這些多元文化讓倫敦充滿生機,處處可見驚喜。可是,在這看似熱鬧的民族大熔爐裡,卻還是有著一個非常傳統的世界隱藏在這鼓譟的現代城市裡,甚至幾世紀以來都沒什麼改變。

倫敦一直都是農漁產品的主要經銷中心,而且組織非常完整,所以也是許多商人買賣的中心,像柯芬園的蔬果市場Nine Elms、魚市場Billingsgate、肉品市集Smithfield,而哈洛德百貨和Fortnum & Mason的百年食品百貨,都是從這些市場取得貨源。

倫敦有許多代表性的傳統食物,像是鰻魚和各種肉派,過去是勞工階級最常吃的,在18世紀時特別受歡迎。這種肉派和以醋煮成的鰻魚凍,常分別和冒著熱氣的馬鈴薯泥一起放在盤子裡,淋上用煮過

鰻魚的湯汁熬成的綠色巴西利醬汁,這醬汁很特別地叫做「酒精」(Liquor)!我曾在倫敦的「天使市集」(Angel Market)找到一家賣鰻魚凍的小店,是現在碩果僅存的幾家店之一;以前到處都有的食物,現在卻很難在街頭找到了。不過,這鰻魚凍煮了過久,巴西利醬汁的調味稍嫌單調,馬鈴薯泥雖然細緻,整體而言味道並不突出,不過從這道平實的食物中,確實能品嘗到倫敦過往樸拙的歷史滋味。

綠豌豆火腿湯,或者稱為「倫敦特色湯」(London Particular),這是因為以前倫敦整日被濃霧所籠罩,這道像帶著低迷霧氣的綠色濃湯因而得名。另一道倫敦「蘇奇水」(Water Souchet),其實是一道以泰晤士河中撈捕的魚做成的奶白魚湯,不過這湯據說是17世紀由荷蘭傳入的料理「Waterzootje」,來到倫敦後轉變成現今的菜色。

沒有薯條的炸魚,其實是英國最早的路邊小吃。如今在足球賽開始前,機動性很強的炸魚薯條餐車一定會出現在場外,倫敦街頭如果沒有這種坐落在街角的炸魚薯條小店,幾乎稱不上是倫敦了!

過去還有許多餐車販售以杯子盛裝去殼煮熟的大顆螺肉、蝦、鳥蛤,灑上麥芽醋、以牙籤戳著吃的傳統零食,只是現在都很少見到了。另外一種當時很受歡迎的食物,就是用在泰晤士河撈到的小條銀魚和鯡魚,整個入鍋炸,我曾在一家傳統的Pub吃過這種魚,樣子很像台灣人吃的喜相逢,不過裡面是沒有魚蛋的,整條都可以吃,外脆內軟。現在的泰晤士河口仍能捕獲到數量不少的小銀魚,所以每年九月初有個「銀魚節」(Whitebait Festival)在紹森(Southend)舉行,歡慶豐收。

　　「噗噗與吱吱薯餅」是依據烹調時鍋子所發出的聲音所命名，像煮蔬菜時發出噗噗水聲，做成餅後在鍋中煎時則發出吱吱聲。這種餅多是用前一天吃剩的東西做成，如馬鈴薯、包心菜或肉，也有人喜歡用荔枝大小的球芽甘藍苗來做，是很傳統的倫敦食物。

　　冬天，因為迎接耶誕節，到處洋溢著喜氣洋洋的氣氛，冷冷的空氣中，不時可以聞到炭火燒烤栗子的濃香。還有，倫敦從17世紀就在「老卻爾斯屋」（Old Chelsea Bun House）販售一種叫做「首都麵包」的卻爾斯麵包。這種麵包表面覆蓋著一層黏稠的金黃糖漿，散發出濃郁的香料味道，在濕冷的倫敦特別令人感受溫暖的氣息。據說喬治三世也曾將自己的馬車停在店外下車購買，這個有著皇室加持的麵包，三百多年來還依然美味可口！

　　皮卡迪里廣場（Piccadilly Circus）附近的聖詹姆士（St James），是倫敦向來最友善也改變不多的角落。百年紅茶老店Fortnum & Mason就在這裡，這個高級奢華的食品百貨曾在1666年倫敦大火時毀於祝融，重整後成了倫敦貴族紳士最愛的地區。今天，聖詹姆士、西敏寺和白金漢宮附近，成了相當獨特的紳士聚集處，Boodle's、RAC和Reform等就

1. 2. 3. | 4. 5. | 1. Pub裡販售的炸小銀魚。 2. 倫敦中國餐館的客飯，港式燴三鮮。 3. 港式牛肉麵。 4. 倫敦街頭的小書店。
6. 7 | 5. 街頭表演噴火的藝人。 6. 寧靜的街景與整齊劃一的低矮住房。 7. 街頭表演銅像的藝人。（圖4.5.6.7.，陳育寬 攝）

是最著名的幾家名流菁英俱樂部,而俱樂部的餐廳提供的也都是這些男士喜歡的食物,比方大塊的切片烤肉、燉肉、綜合碳烤肉類盤,因此產生許多經典名菜,如:香料味重酸濃的「革新羊排與醬汁」(Reform Cutlets and Reform Sauce)、血腥橘片卡士達甜點(Boodle's Orange Fool)、水果蛋糕,還有頹廢派早餐、公羊香檳橘汁雞尾酒(Buck's Fizz)。

其他傳統餐點也體現了倫敦另一些人的生活形態,如倫敦新聞雜誌界常出沒的老酒店Ye Olde Cheshire Cheese(位於Fleet街145號),那裡有牛肉腎臟派、各式烤肉、花式冷牛肉片盤、野味派等美味餐點。而Savoy旅館有道名菜,鱈魚煎乳酪蛋餅(Omelette Arnold Bennett),則是以知名劇場評論家班奈特(Arnold Bennett)之名所命名,是旅館特別為他創製的。此外,肉排餐館,小酒館、碳烤屋也都因為供應了英國上流社會最愛的綜合碳烤而著名,這些羊排、腎臟、香腸、牛排與火腿都是在炭火上快烤,再綴上番茄、洋菇、水芥菜而成。

1. 2. 3. 4. | 5. 6.
1. 倫敦東南區Pub的漂亮招牌。
2. 隨處可見的街頭咖啡座。
3. 裝滿貨物蔬果推著販賣的小推車。
4. 路邊的蒲公英小花。(圖1. 2. 3. 4.,陳育寬 攝)
5. Pub的裝飾與擺設。
6. Pub吧台有搾啤酒的大把手。

　　如果倫敦的食物總是簡單，也讓人印象深刻地緬懷過去，那麼倫敦街頭數以百計的Pub也是如此，這些Pub大都有深紅色桃木做的嵌版，蝕刻花紋的窗櫺，還有可以打出古法釀製啤酒的大把手。許多當地與進口的飲品都可在這裡找到，特別值得一提的是馳名世界的倫敦琴酒，不論是口味與品質都是最純淨的，也是許多英國男性最喜歡的飲料，比如琴酒加通寧水做的「金湯尼」，也是很多受歡迎雞尾酒飲料的基底。

　　倫敦是個多民族融合的都市，也是國際金融中心，然而，她也是有著深厚歷史遺產的城鎮，周遭極有特色的群聚小鄉村，個個都有其別緻的靈魂與性格。不論是倫敦人還是非倫敦人，都持續在這個都市裡醞釀著，成為一杯極有深度的倫敦風味雞尾酒。

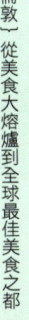

倫敦特色湯

小·熊·的·英·國·味

倫敦過去是個霧氣迷濛的城市，
而這道帶著濃重綠色的湯品，也像倫敦過去的景象。
喝這道湯，能讓你在陰冷的冬夜有著滿心的溫暖。

材料〔八人份〕

- 15g奶油
- 50g培根，切丁，並留下少許做為表面裝飾
- 1顆中型洋蔥，切丁
- 1顆中型胡蘿蔔，切丁
- 1根西洋芹，切丁
- 450g青豌豆（或是乾的脫殼豌豆泡水一夜更佳）
- 2000cc雞湯（罐裝即可）

做法

1. 融化奶油，加進培根、洋蔥、胡蘿蔔與芹菜等蔬菜炒香。
2. 加進豌豆和高湯。
3. 小火煮約一小時，至完全熟軟。
4. 以果汁機或食物處理機大略打成泥。
5. 回鍋熱過後盛起至深碗中，表面以煎香的培根做裝飾即可。

{倫敦} 從美食大熔爐到全球最佳美食之都

Part1 _021

鱈魚煎乳酪蛋餅

小·熊·的·英·國·味

這道菜是以知名劇場評論家班奈特（Arnold Bennett）之名命名，
是Savoy旅館特別為他創製的。
做法雖然簡單，卻很好吃，然而煎的熟度很重要，
七分熟才最能表現出蛋與魚肉的軟嫩鮮甜，加入起士粉更能增添香味。

材料〔一人份〕

- 15g奶油
- 3顆蛋
- 1大匙牛奶
- 1大匙鮮奶油
- 少許鹽與胡椒
- 75g鱈魚肉，以鹽略醃切成小丁（煙燻過的更好）
- 1大匙帕瑪森起士粉（Parmesan cheese）

做法

1. 所有材料除了奶油和鱈魚之外一起打勻至發泡。
2. 鍋中熱奶油，加進鱈魚，轉中火。
3. 倒進蛋液，快速以叉子旋轉動作使蛋均勻受熱。
4. 蛋煎至約七分熟即可盛起供食。

倫敦莓果琴酒

小·熊·的·英·國·味

琴酒加上通尼水就是著名的金湯尼調酒，通尼水則可以一般的氣泡水代替，再在這個酒中加入冰塊與當季盛產的夏日草莓，也可加少許糖漿與檸檬片增添風味，便是清涼又帶些歡樂氣息的飲品了。

材料

- 冰塊
- 30cc倫敦琴酒（London Gin）
- 70cc氣泡水
- 3顆草莓
- 10cc糖漿

做法

1. 冰塊加到2/3杯。
2. 倒入琴酒至約1/3高度。
3. 以長匙快速攪拌13圈半。
4. 再次將冰塊補滿。
5. 加氣泡水加到約八分滿。

Fortnum & Mason
貴族的百年紅茶食品公司

英國人非常愛喝茶，它幾乎是一種萬能藥，可以醫治所有疑難雜症！常常可聽到英國人在朋友遇到悲慘事情發生時會安慰說：「你現在最需要的就是一杯茶！喝了就沒事啦！」

英國18世紀的首相格萊斯頓（William Gladstone）說：

「如果你冷了，茶會使你溫暖；如果你燥熱，茶會使你降溫；如果你覺得鬱悶，它會讓你振奮起來；如果你太興奮，它會使你冷靜。」

英國18世紀演員暨劇作家西博（Colley Cibber）在他1707年劇作The Lady's Last Stake中說：

茶！

你是柔軟的，是樸素的，睿智又珍貴的液體

你如女性般陰柔地在舌上流竄，微笑紓緩地安慰著

是閃爍金光讓人想喝的香甜酒，喝的是極其榮美的平靜時光

我擁有這幸福的片刻，就讓我俯臥在這茶湯之中

有不少英國詩人作家，將茶歌頌成美好的詩篇，可見茶在英國人的生活中，已經不只是日常生活的柴米油鹽醬醋茶，而是一種心靈的陪伴，低落時提振心情的奇妙良藥。茶也會加在水果香料酒中，形成新鮮稍帶苦味的口感。而茶對英國人來說不只是飲品，也喜歡用在烹調烘焙上，比如水果蛋糕Barm Brack，會先用冷茶將各式水果乾浸泡一個晚上，果乾變得肥美濕潤又多汁，做出來的蛋糕帶著茶香做基底的味道，與濃厚的蛋奶香形成有趣的平衡，口味變得更豐富美味。

富濃厚香料味的正山小種茶茶包盒。

英國最老的日用商品市場，應該就是倫敦茶拍賣市場，成立於三百年前，如今因為網路世界的便利，已經在1998年的7月29日結束營業。在原產地國家和一些私人交易，這樣的拍賣可能仍持續進行著，可是大部分都已和傳統說再見了。

茶是17世紀初從中國傳到英國，自此大英帝國開始在各個殖民地大量種植茶葉，尤其茶葉喜歡生長在有溫涼氣候、足夠陽光和少雨的地方，所以中國、印度、錫蘭（今斯里蘭卡）、肯亞、馬來亞都成了供應英國原茶的產地。

通常採茶人摘下茶葉後，會將鮮茶葉儲放在倉庫中，再散放開來自然風乾14小時，這些降低了約50%水分的葉子，會再放進滾筒中，切細並通過分等級的篩子，自動分入不同的容器中，分好的茶再度烘乾，並再以大小等級分類。生茶葉約分為七個等級：最好最大的是「橙黃白毫」（Orange Pekoe，簡稱OP），葉片長而完整；接著是「碎橙黃白毫」（Broken Orange Pekoe，簡稱BOP），細碎的OP，味較濃；再來是「花橙黃白毫」（Flowery Orange Pekoe，簡稱FOP），芽葉較多，味清香；之後則是較次等的「CTC」（Crush Tear Curl），顧名思義，茶葉經碾碎（Crush）、撕裂（Tear）、捲起（Curl）後呈細小顆粒狀，方便快速沖泡；最後就是最劣等的茶粉，甚至再倒回茶樹土壤當肥料。

倫敦市中心的皮卡迪里廣場。

　　英國茶與中國茶不同，我們講究喝整片完好的葉片，而英國紅茶是因葉片太細嫩，在製作乾燥的過程自然碎裂；細碎近乎粉狀的紅茶，與品質優劣並無絕對關係。

　　最後茶葉儲放在盒子中，連同樣品一起送到可倫坡（斯里蘭卡首都）拍賣。後來這拍賣轉移到倫敦，茶在拍賣後運送到買方的國家，進行最後加工和包裝，像伯爵茶裡加入佛手柑，之後才運送到商家，成為我們今天看到的茶了。

　　來到英國，除了造訪各個歷史古蹟和旅遊名勝外，百貨公司也是來到倫敦必訪的一大景點。Fortnum & Mason（簡稱F&M）即是一家擁有300年歷史的百貨公司，也是深具英國皇室特色的茶文化代表，更是一定要去朝聖的地方。

我恨炸魚薯條

Beyond Fish & Chips _026

Fortnum & Mason百貨公司門口。

　　F&M創立於1707年，位於倫敦市中心的皮卡迪里廣場，1707年由瑪麗皇后的男僕所創立。這位創辦人原是皇家的茶葉買手，後來自立門戶，開設F&M，當時壟斷印度貿易生意的英國東印度公司與F&M關係密切，最好的茶葉都被送到這裡販售；自此，連普通百姓也能喝到頂級好茶。

　　F&M與世界各地的茶農都有聯繫，因此可獲得很多第一手的新茶，像在大吉嶺喜馬拉雅山脈的幾家茶園，每年最新、最嫩、最頂部的茶葉，都會留給F&M。這裡所賣的茶葉，被譽為全英國品質最好的，而上流社會的奢華美食、餐具、書籍、文具禮品也都可在這家高級食品百貨找到。此外還開設餐廳、酒吧，以及婚禮聚會的到府外燴服務。到了耶誕購物季，F&M百貨櫥窗的耶誕布置也往往是眾所矚目的焦點。說她是英國倫敦的指標據點，一點也不為過。

{ Fortnum & Mason } 貴族的百年紅茶食品公司

Part1 _027

左. 服務人員盡是氣質優雅的男士，身穿墨綠色剪裁合身的燕尾服，像是特別受過訓練的皇室家僕。
右. 一盒盒排列整齊的盒裝茶葉，令人目不暇給。

　　一進門，天花板上的豪華水晶燈首先映入眼簾。服務人員盡是氣質優雅的男士，身穿墨綠色剪裁合身的燕尾服，像是特別受過訓練的皇室家僕，殷勤地服務每位前來的客人。一盒盒排列整齊的盒裝茶葉，來自中國、印度、錫蘭、非洲等產區，各式各樣的選擇，多得讓人目不暇給，其中最傳統的要屬大吉嶺茶及阿薩姆茶，千萬不能錯過。而由F&M的調茶師精心調配的混和調配茶（Blended Tea），如英國早餐茶、下午茶、安妮皇后，以及混合調味茶（Flavoured Tea）如伯爵茶、水果茶等也是大受歡迎的茶品。每盒茶葉上還會說明這個茶的特性與香味，如特別為英王愛德華七世設計的Royal Blend Tea，盒上便寫：沖泡時，最好用礦泉水，因其酸鹼度才不會使來自錫蘭和阿薩姆的白毫茶葉變為過度鹼性。我買了一盒正山小種茶，是中國高山產並燻製過的茶，茶味純正，細膩的舌間感受，確實可以喝出製茶的講究與品質，而濃郁的香料味道，用來做麵包（English Plum Bread），則會散發一股神祕香氣。

　　當然，他們也不是單靠茶葉質素取勝，包裝罐即曾找來名畫家包登（Edward Bawden）繪圖，其他的茶具配套亦見華麗。餅乾等食品也是精緻美觀，如Gigantissimi Florentines、Piccadilly Biscuits，即是極具英國特色、用料精純的英式餅乾。還有加了香檳與威士忌的果醬、各色

St. James's（左）與The Parlour餐廳（右）。

玫瑰花瓣的果凍、英國各地來的最好火腿，如Shropshire Black Ham、煙燻蘇格蘭鹿肉，以及難得一見以泥碳燻製的干貝、生燻比目魚、一小盒價值約兩萬台幣的頂級魚子醬、鵝肝、松露等高檔貨，更是理所當然會出現在這個皇家食品公司了！

　F&M裡面共有四間餐廳，St. James's應該是店中最有名的餐廳，光從其名就可窺知皮卡迪里區輝煌的歷史，提供的亦是英國最傳統的經典菜色，如星期日的烘烤肉塊午餐，使用最精良的材料，做出最完美的餐點。二樓的The Parlour，提供各式甜美可口的午茶甜點蛋糕與三明治。The Fountain與The Gallery，則屬於較簡便的餐飲風格。1707 Wine Bar，位於地下室的食品陳列區，有點類似台灣百貨公司的美食街，卻是五星級的美酒吧台，可品酌到各種珍奇酒類，滿足各個酒客挑剔的味蕾。這些餐廳多半要求較為正式優雅的穿著，不過真的可以藉此體驗一下倫敦菁英份子的餐飲型態喔！

Fortnum & Mason
- 181 Piccadilly, London, W1J 9, UK
- + 44（0）20 7734 8040
- http://www.fortnumandmason.com/
- 週一至週六10:00am~8:00pm，週日12:00pm~6:00pm

我恨炸魚薯條

Beyond Fish & Chips _030

正山小種茶（Lapsang Souchong）水果蛋糕

小·熊·的·英·國·味

這款點心雖說是「蛋糕」，
可是採用的製作方式卻是像麵包般使用酵母發酵，
這樣做出來的效果會比只使用膨大劑的蛋糕更帶有迷人的香氣，
而正山小種茶本身亦有濃厚的香料味，
加上蛋奶與各類果乾的味道，多層次的感覺非常特殊。
類似做法的甜點在英國各地都可見到，如蘇格蘭的Selkirk Bannock，
威爾斯的Bara Brith，在愛爾蘭則是叫做Barm Brack。
一般傳統只是用喝不完的隔夜茶製做，茶的部分其實不太講究，
所以也可使用其他紅茶替代，或許會有另一番效果。

材料〔成品約小的兩條·大的一條〕

- 300g各式水果乾，如葡萄乾、黑棗、蔓越莓等皆可
- 2包正山小種茶茶包 ▶ 牛奶及泡果乾的茶汁各半共180g
- 2顆蛋 ▶ 4大匙砂糖 ▶ 5g速發酵母 ▶ 450g高筋麵粉 ▶ 50g奶油

2.

3.

4.

做法

1. 先將茶包與果乾放在大碗中，注入熱水使兩者充分泡開。
2. 待水溫降低，將茶汁濾出，果乾稍微擠出水分。
3. 在麵包機中依序放入以上食材，選擇麵團功能，在放果乾警示聲響起時放入果乾至完成發酵。
   （也可用手揉麵團至完全均勻，基本發酵50分鐘，發好後再將麵團壓平捲入果乾。）
4. 取出麵團，入長條模，二次發酵約25分鐘，至麵團漲至兩倍大。
5. 放入已預熱好的烤箱中，175℃烤30分鐘至金黃熟透即可。
6. 取出立即倒扣待涼，即可切片食用。

{Fortnum & Mason} 貴族的百年紅茶食品公司

「肥鴨」
世界之最的餐廳

英國電視節目的品質之好有目共睹,而我更喜歡英國的生活美食節目。第一次看到英國名廚布魯門索(Heston Blumenthal)在節目中出現,是在「尋找完美」(In Search of Perfection)這個「科學烹飪」節目,他在節目中相當獨特地融入了食物與味覺相關的科學研究,幽默的風格,結合了天馬行空的擺盤,極具創意與令人驚奇的烹飪技巧,展現了他結合感性與理性的餐桌藝術,如同巨匠般的,開闢出一條美食新境界之路。

這位巨匠的美食展演處,就是曾獲封「世界最佳餐廳」美譽的——「肥鴨」(The Fat Duck)。

你相信英國沒有美食嗎?

不但有,甚至全世界最好的餐廳,就在倫敦。

餐廳評鑑的米其林星級評分系統於1926年開始,1931年出現兩星和最高榮耀的三星。而後米其林的星星數目也代表不同的意義:

一顆星餐廳(Very Good Cooking)表示:值得停車一嘗的好餐廳。

兩顆星餐廳(Excellent Cooking):一流的廚藝,提供極佳的食物和美酒搭配,值得繞道前往,但所費不貲。

三顆星餐廳(Exceptional Cuisine, worth the journey):完美而登峰造極的廚藝,提供上選佐餐酒、極佳的服務和用餐環境,值得專程前往,但是得花一大筆錢。

關於降級最著名的故事,就是巴黎名廚季克(Alain Zick)因他的餐廳從三星降為二星而自殺,可見三星的榮耀是最大的肯定,也是最大的壓力。

肥鴨餐廳的正門口，低調的像一般民房。

　　所以米其林的星等評鑑，可說是歐洲國家餐飲水準的最高指標。然而說到米其林星級餐廳，光在倫敦地區就有五十家左右，三星級的餐廳就有三家，都在倫敦周邊範圍內，一家是三星名廚蘭姆西（Gordon Ramsay）的同名餐廳，另一家則是講究古典烹調的「水岸客棧」（The Waterside Inn）。

　　可是，最值得大書特書的，仍是舉世知名的「肥鴨」餐廳。

　　肥鴨是在1995年開始營業，由布魯門索這位近乎傳奇的廚師所經營。2004年獲得米其林三顆星榮譽，並在2008及09年由《餐廳》（Restaurant）雜誌評選，獲得「世界最佳餐廳」以及「英國最佳餐廳」殊榮，並在《美食》（Gourmet）雜誌得到各項標準皆十分的頂級滿分。

　　這家餐廳以其特殊料理聞名，之所以特殊，是它將傳統食材與廚藝完全解構，賦與烹調新的境界與生命，即所謂的「分子廚藝」（Molecular Gastronomy）。

　　分子廚藝，是一種將科學應用在廚藝上的學問，理論基礎在於深入研究食材在烹飪時的轉變，特別是在有關物理與化學變化的掌握與運用，造成食材解構與重組的變化，加上社會甚至歷史背景的研究與涉獵，融合藝術性的技巧，將食物重新裝置與顛覆，比如將熱的變成冷的、甜的變成鹹的，液體變成固體，將許多不可能變成可能，把你無法想像的東西帶到你眼前，創造出前所未有的視覺與味覺經驗，以及各種感官的驚喜體會。

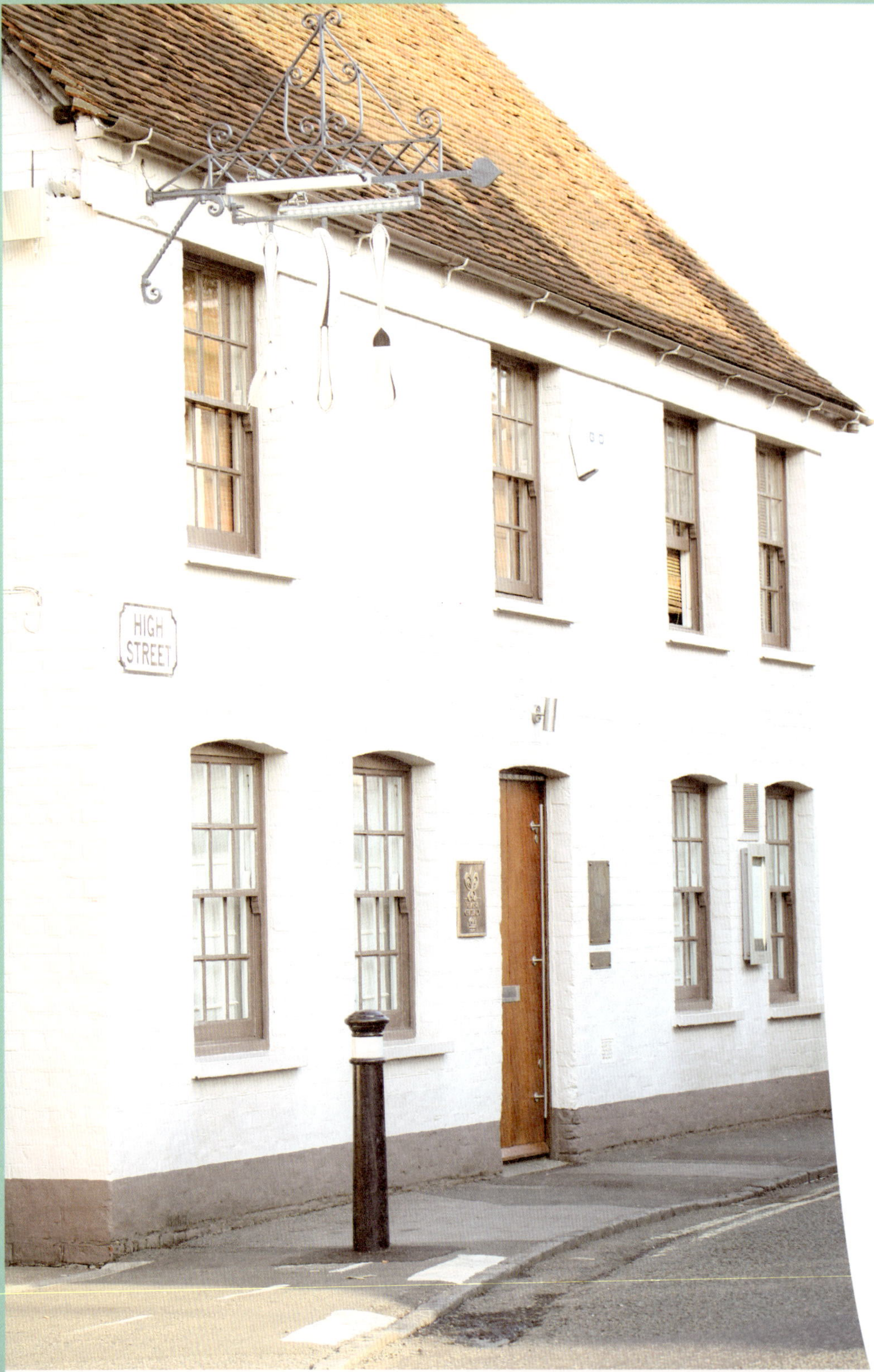
HIGH
STREET

知名菜色有光聽名字就啟人遐想的「蝸牛麥片粥」、「沙丁魚烤土司冰霜」、「培根蛋冰淇淋」和「甘草浸煮鮭魚」。除了運用科學上的變化，布魯門索還加進人心理上變化的因素，比如他有一道開胃菜「橘子與甜凍」，兩份果凍中，本該是紅色甜菜做成的紅果凍，替換成鮮紅色叫做「血腥」的橘子做成，而本該是橘子口味的橘色果凍，則故意使用黃色甜菜來代替。吃下兩種口味的果凍，橘子變成甜菜味，甜菜卻變橘子味，與視覺上預期的味道完全不同，諸如此類視覺與味覺的小遊戲就讓人產生大大意外的口感，讓食客回到孩子般的心境，滿是新鮮有趣的驚奇體驗。徹底將飲食推入前所未見、近乎是新形式藝術的境界。

布魯門索16歲時第一次與家人去法國旅行，開始對烹飪藝術產生濃厚興趣。回到英國後，沒有經驗的他用盡辦法在倫敦的飯店和餐廳廚房工作，但在無法勝任下離開。接下來十年，他一邊照書自學基本法國菜技巧，一邊在不同地方打零工，儲存去法國研習廚藝的基金。其中一本影響他最鉅的書，是美國作家馬基（Harold McGee）寫的《食物與廚藝》（*On Food and Cooking*），這本書質疑了許多烹飪上的基本條規，探索廚藝的科學。布魯門索曾因為其創新的手法而被封為「烹調煉金魔法師」，他深入研究分子廚藝，了解味覺的運作，擴大調味的運用，這種烹飪風格為他贏得許多獎項，甚至在科學界也受到表彰，於2006年7月受封英國皇家化學學會榮譽院士。

肥鴨餐廳讓世界各地的美食家趨之若鶩，所以想要一嘗這夢幻逸品其實也非易事，不但要在半年前訂位，消費也要一人上萬元之譜。世界之最的餐廳，果然像金字塔高攀不易！

有次造訪倫敦，途經位於倫敦郊區的布雷鎮（Bray），順道就想去肥鴨餐廳朝聖一番。可是當GPS發出到達目的指示時，左顧右盼卻不見像「餐廳」的地方，後來抬頭看見一個刀叉匙造型的招牌，才發現原來

左頁. 肥鴨餐廳外牆的刀叉匙造型招牌。

就是「肥鴨」！直到我們走到餐廳門口，還是讓人很不確定這是餐廳，整個風格平凡得就像簡單的平房民宿。這個世界級的餐廳，果然第一眼就讓人出乎意料！

幾扇方格窗子被窗簾籠罩，頗神祕地看不出餐廳裡的玄機。趁著幾位打扮高雅入時的賓客進入時，我們就著狹窄的門縫在一旁探頭探腦，但也窺不出個究竟。於是沒訂位的我們在四周繞了一圈後便知難而退了。

我們轉而將目標放在布魯門索開的另家小酒館The Hinds Head，這家餐廳亦被《時代》雜誌票選為英國十大最佳傳統餐廳與最佳鄉村酒館的榮譽。酒館就近在咫尺，離肥鴨不過十步之遙，我們看了一下貼在門口的菜單，一份主菜約20～25英鎊，一問之下無需訂位，當下就決定坐下用餐。

酒館裝潢得古意盎然也不失雅緻悠閒，老家具與壁飾、古樸的桌椅，都帶著一股溫潤的現代感。服務人員極為友善親切。我們點了一份餐前小點「馬背上的惡魔」，其實也就是英式傳統菜：香腸夾黑梅乾。名字雖詭異，味道卻很天使！

迷你的小香腸以高雅的姿態站在小疊上，一口咬下，溫熱的黑梅乾融化似的，甜美的漿液迸散出香腸緊實的小薄衣，煎得香脆、像是帕馬火腿奇薄如紙的培根片，微鹹地中和了香腸的油脂與梅的甘味，形成非常獨特的口感。這一小口的馬背惡魔，便讓味蕾馳騁了起來，迎接下一階段的味覺之旅。

The Hinds Head酒館，內部古意盎然也不失雅緻悠閒。

Beyond Fish & Chips _036

1. 慢烤蘇格蘭高地牛葉肉佐巴西利麥粥。
2. 餐前奉上的雜糧麵包與奶油，厚實鬆軟好吃。
3. 餐前小點「馬背上的惡魔」，其實就是英式傳統菜：香腸夾黑梅乾。

　·主菜點的是：慢烤蘇格蘭高地牛葉肉佐巴西利麥粥。焦化的濃郁肉香縈繞在眼鼻之間，橢圓葉片狀的牛排肉塊，像是拿平衡尺切過般，完全不像一般慢烤牛肉那般不規則，不禁讓我想起布魯門索在「尋找完美」節目中，說明烹煮肉塊的祕密：是要以真空袋包裝肉塊，並以62℃恆溫在水中做悶泡浴12小時；這樣低溫且長時間的烹煮，才能將肉中的纖維軟化，在肉中保持完整的肉汁。

　當刀叉一切下牛排，果然毫不費力，入口更是滿滿的肉汁迸散，口腔布滿甜汁，比菲力更多汁，也比丁骨更柔嫩。除了肉本身，綠色醬汁亦很特別，不同於麵粉奶油所調出的白醬底，這醬汁帶點麥片的濃稠，卻有牛肉汁的甘香，與巴西利特殊的香味形成豐富的口感。

　一般英式牛排最常有的盤飾是炸成脆條絲或是文火炒甜的洋蔥，牛排也常與甜菜做搭配，但眼前這道牛排，即使只是小小的視覺遊戲，也可窺見布魯門索的一貫風格：牛排上也有類似洋蔥絲的東西點綴其上，一入口，才發現這個嚼感脆韌的東西，竟很類似濕潤的牛肉乾絲，而旁邊綴著的小方丁，深紅顏色讓人以為是切塊的甜菜，吃下才知道是用紅酒浸煮透的圓蘿蔔！

我恨炸魚薯條

Beyond Fish & Chips. _038

另一道主菜是鮟鱇魚佐蠶豆沙拉、煙燻切丁鰻魚點綴與醃漬檸檬。菜端上來時，整盤像是綠葉托白荷，白嫩的魚片下，透著些許檸檬黃，簡單的盤飾，卻耐人尋味。鮟鱇魚的肉片相當肥厚，比一般魚片更堅實有質感，味道清甜，特別的是底下墊著的整片醃漬檸檬，除了該有的檸檬清香，絲毫不帶酸味，檸檬片的白膜部分居然有著肉質的肥厚感覺，讓我想起中式料理中有道燉柚子皮，做工繁複，需先將白囊部分徹底沖刷並過水煮數十遍去苦味，布魯門索這個醃漬檸檬似乎有異曲同工之妙。

　　底下的蠶豆泥，乳霜般的質感，潤澤了低脂肪的檸檬與魚片，在幾番刀叉往來，叉尖會夾帶一小塊藏在盤底的燻魚丁，入口煙燻香，是燻鰻特有的油汁，像肥肉丁滿布口中，卻完全沒有油膩感，這小方丁是天外來的一筆，令人拍案叫絕！

　　這趟去我鍾愛主廚開的「肥鴨」餐廳朝聖，雖然無緣體驗傳說中他所創造的煉金術般的餐點，卻在同是他經營的The Hinds Head，窺見其斧鑿的痕跡。

　　此行沒有遺憾，因為這般傳奇的肥鴨餐，是未來再有機會造訪的好藉口。或許世界上最好的美味，不只出現在米其林三星餐廳，因為美食不只包括盤裡的世界，還包括盤外的一切。當有一天我更懂得布魯門索營造餐點的用心，以及隱藏在食物背後的故事時，我會更了解，食物已經不再只是口中的滿足，而是體現廚師的創作理念和背景歷史，是真正品嘗另一個人的人生，是心與腦，舌與眼的全身心的感受經驗。

　　「尋找完美」，是進行式而非完成式，相信它永遠不會有盡頭與終點的！

肥鴨餐廳The Fat Duck 〉
- High Street, Bray, Maidenhead, SL6 2AA, UK
- + 44（0）1628 580 333
- http://www.fatduck.co.uk/
- 週二至週六12:00pm~2:00pm，7:00~9:30pm（週五和週六營業至10:00pm），週日12:00pm~3:00pm

The Hinds Head 〉
- High Street, Bray, Maidenhead, Berkshire, SL6 2AB, UK
- + 44（0）1628 626 151
- http://www.thehindsheadhotel.com/#welcome,introduction
- 週一至週六11:00am~11:00pm，供餐12:00pm~2:30pm，6:30pm~9:30pm，
  週日12:00pm~10:00pm，供餐12:00pm~4:00pm

簡易版三星料理
蘇格蘭高地牛葉肉佐羅勒杏仁青醬

小·熊·的·英·國·味

這個食譜是仿照在 Hinds Head 酒館中吃到的牛排做法，
在細節處簡略，但卻掌握這道牛排的一些精髓，並加進不同風味的杏仁青醬，
在家做這道簡易版三星料理變得相當容易，也很美味。

材料〔三人份〕

牛排部分

- 厚片牛葉肉三片（Blade of Highland Beef，這種肉各國叫法不同，選擇有如雪花羽毛狀分布脂肪的牛排即可）
- 蔥、蒜、黑胡椒少許
- **預備工作：**先將以上兩者醃2小時

綠色蘿勒醬汁

- 1大把蘿勒
- 2片蒜仁
- 1/2個檸檬汁
- 1/2杯杏仁
- 3大匙麥粉（先用1.5杯熱水泡開）
- 1/2杯橄欖油
- 少許鹽與胡椒
- **預備工作：**先將以上材料以果汁機或是處理機打成醬汁，若太稠則酌加水或是橄欖油，並稍微保溫
- 2粒紅洋蔥切絲
- **配菜：**菠菜葉一把，洗淨摘除葉梗

做法

1. 平底鍋熱一大匙油，放入紅洋蔥以慢火將洋蔥炒至呈現糖化的狀態，約15～20分鐘，並避免燒焦。
2. 平底鍋熱少許油，熱後放入牛排，根據牛排的厚度，煎出你想要的生熟度。
3. 熱一鍋水，加鹽與一匙油，燙一小把菠菜並瀝乾水分，裝盤。
4. 牛排盛起放在波菜葉上，上面放上一大匙炒香洋蔥，綴以細蝦夷蔥以及羅勒花（亦可不放），並在盤緣綴上一大匙綠色蘿勒醬汁即可。

巴羅市場
老饕的世界美食聚集地

　　巴羅市場（Borough Market），若你聽說有人喜歡去這裡，沒有錯！那他一定是個老饕，甚或是喜歡料理的美食家！

　　那麼究竟是什麼原因讓這個市場深具魅力而吸引各地人聚集於此？甚且說服了世界各地慕名而來的觀光客，英國確實是個有美食的國家！

　　巴羅市場的歷史悠久，關鍵因素就是在倫敦橋。直到18世紀，倫敦橋是唯一從倫敦橫跨泰晤士河出城的橋樑（倫敦市當時還沒有擴展過河），銜接倫敦以及英格蘭南部，延伸至歐洲大陸。所以從歐洲前往倫敦的商人，都會在南華郡（Southwark）的旅館尋找棲身之所。

　　倫敦橋的重要性，從交通總是壅塞、許多民眾身受其苦，即可見一斑。在1295年，南華郡付給國王的賦稅是全英國所有城市中最多的，可見南華郡市民是相當富有的，這都要拜這條重要的倫敦橋所賜，而且如果沒有這些商人的往來，巴羅市場就幾乎不可能存在了。

　　在市場的早期，所有交易其實都在橋上進行。大約在1014年，國外來的商人可以在橋上販售糧米、魚、蔬菜和牲畜。直到1276年，倫敦市長訂定了一條限制城外商人來此貿易的規定，用意是為了杜絕外來的競爭以保護自身的利益。後來，一對夫婦因為攜帶了超重的麵包到城市來販售而被定罪，遭遊街示眾後綁在柱子上，後來也有其他交易商受到類似的審判和懲罰，所以市場那時藉故塞車，便遷移到聖托馬斯醫院前，又繼續存在了數百年。

　　不只是買賣交易，每年九月這裡還會舉辦露天遊樂會，活動長達兩個禮拜，很受當地民眾歡迎。畫家賀加斯（William Hogarth）即在他的畫

巴羅市場的外圍有許多攤販與人潮。

　　作〈美好〉中詳細描繪了當時盛會的情景：飛揚的旗子，靠著繩索跨越街道如同飛行的男子，繪製著底特律城被圍困故事的巨大圖片，圍繞在水邊吹小號、風笛和擊鼓的人們。一百年後，如今在St Bartholomew's遊樂會中，仍重現著畫中所描繪的昔日情景。

　　然而，遊樂會卻因故取消，短短幾年之後，市場於1755年也被迫關閉。可是這並不是市場沒落的開始，市場蓬勃的生命力反而讓原本屬於平民的市場愈來愈豪華！

　　市場關閉後，南華郡的居民成功地另起爐灶，一共籌募了6000英鎊，買下一個稱為「三角」（The Triangle）的地區，重建市場留存至今。1801年建構出有頂的建築區；1870年，整個市場修建成莊嚴的水晶屋頂，像個皇宮，有著鐵鑄的結構、雙子拱門與圓頂。就在那時，東南鐵路也蓋了一個高架橋，跨越市場屋頂，留存至今。修建鐵路時，市場委員會與鐵路建構者交涉，堅守保護市場持續運作的原則，比如避開市場的交易時間，保留足夠的光源，將來對高架橋的維修等等。然而仍造成許多攤販迅速減少，上方的陸橋也一直掉下很多泥炭，在在影響了市場的運作和延續。

　　就在隔年，優雅的水晶屋頂就因擴建鐵路而犧牲掉了。之後在1998年辦了一場綠色食物愛好者博覽會（Henrietta Green's Food Lovers' Fair），將近十年的發展，目前的市場已逐漸恢復了當年愛德華三世時一週開市三天的交易盛況。一個市場，卻反映著倫敦變遷的縮影與軌跡，這樣波折滄桑的歷史，都使得巴羅市場的存在顯得更加有意義。也因此近來這裡成為許多電影的拍攝地，「哈利波特」和「BJ單身日記」都曾在這裡取景。

這個波折不斷、飽含滄桑的巴羅市場，我總共去過兩次。

　　一次是在2002年，當時是為了想在附近的咖啡店應徵一份工讀工作，面試完畢便在街上踱步，晃到倫敦橋地鐵站，卻看到就在不遠處有著人與食物流竄的氣息。接近中午時分，飢腸轆轆下就被充滿食物香氣的巴羅市場牽引，來到這個從未到過也未曾聽聞的地方。市場裡面包羅萬象，從蔬果到茶葉、三明治與現做的捲餅應有盡有。那次並未逗留太久，只在臨走前買了一些鴕鳥肉做的漢堡肉回家嘗鮮，並在記憶中留下一個有趣的印象，私自將它歸為英國最有趣最好看的市集。

　　後來，陸續在英國的美食節目或雜誌上看到介紹巴羅市場，是傑米‧奧利佛、瑞克‧史坦（Rick Stein）等許多名人廚師最愛的市場，獲得《標準午報》（*Evening Standard*）所頒布的2007與08年最佳倫敦市場獎項、2007年最佳購物經驗獎，以及倫敦市場協會頒發的2008年最佳特殊產品市場獎。此外，市場中的炙烤餐廳（Roast）也獲得最佳倫敦早餐獎，瑞克酒館（The Rake Pub）也得到最佳啤酒經驗獎與*Time Out*雜誌評定的最佳酒館獎。一個不算大的市場卻包羅萬象，深藏不露地悄悄奪下許多殊榮，那就讓人想再次一探究竟了！

　　於是隔了數年，再有機會重遊倫敦，巴羅市場就是我規畫中的第一個再訪之地。那次我們下榻在倫敦四區，一早就開車到New Cross地鐵站附近泊車，坐地鐵直驅位在倫敦之心的巴羅市場。

　　星期六的夏日早晨，在巴羅市場的門口，帶著銅鑼色彩的陽光首先就把入口的法式麵包與甜點攤烘烤得讓人意亂神迷。說話帶著濃重法國腔的黑髮男子，站在一大疊法式可麗露（Canelé）旁，我問男子他的點心是什麼，一邊也拿著相機拍照，買下三個可麗露，驚訝於那濃厚的奶香與甜蜜滋味，夾雜著孔隙中散發出的酵母空氣，這是我第一次在英國看到並吃到可麗露呢！第一站就讓人興奮，第一口就嘗到巴羅市場的與眾不同！

我恨炸魚薯條

Beyond Fish & Chips _044

1.
2.
3.

1. 巴羅市場入口的法式麵包與甜點攤，第一次在英國看到並吃到可麗露就是在這裡。
2. 各式甜點與派塔。
3. 美式胡桃派、瑪芬與布朗尼。
4. 專賣義大利紅酒醋與橄欖油的攤位Apulia Blend，一排排琳琅滿目的橄欖油都是從義大利進口。

4.

　　就在甜點攤旁邊，是專賣義大利紅酒醋與橄欖油的攤位Apulia Blend，一排排琳琅滿目的橄欖油都是從義大利進口，光是初搾橄欖油就有三十幾種選擇，以及多種加入香料的加味商品。還有種類繁多的紅酒醋、包裝雅緻的白酒醋、12年份到25年份的巴薩米克醋（Aceto Balsamico），以及許多有趣的水果口味酒醋糖漿。店家大方排出一整列試吃小碟，吃到一款特殊商品，即是以松露融在醋中製成的調味醬（Truffle Balsamic Glaze），沾上店家提供的拖鞋麵包塊，酸醇中帶著甘甜的濃稠口感，散發出菇蕈類分子化在口腔中的微妙。這一攤義大利來的陽光晶華，亮了眼，也滿足了味蕾。

〔巴羅市場〕老饕的世界美食聚集地

1. 各種引人垂涎的蛋糕。
2.3. 法式炙烤乳酪，用火將乳酪表層融化，再用鐵片削下融化部分，覆蓋在馬鈴薯、酸黃瓜及紅蔥頭上。

　　市場也有許多展售乳酪的攤位，約有15攤來自法國、瑞士、義大利、荷蘭、英國澤西島、卻爾斯、威爾斯的乳酪，以及特產乳酪，如英國勒德洛（Ludlow）小鎮生產的藍紋乳酪，都可在此一次買齊！每家攤位的乳酪都各有特色，店家也大方讓你試吃，一圈逛下來，彷彿做了一趟世界乳酪搜奇，各種美味乳酪就這麼盡收「口」裡啦！

　　在靠近南華郡大教堂的綠色市集（Green Market），則多賣熟食點心，如現做的各式果汁、義大利夾餡三明治、碳烤香腸、漢堡等。其中有一攤賣著炙烤乳酪，店主直接將一大塊法式乳酪放在鐵架上，用火將乳酪表層融化，再用鐵片削下融化的部分，覆蓋在煮得軟嫩的小顆馬鈴薯與醃漬的酸黃瓜與紅蔥頭上。客人絡繹不絕，光是賣相與燒烤後的焦化味就讓人覺得非嘗一口不可，便買了一盤來解饞，乳香搭配軟嫩的馬鈴薯，還有脆黃瓜中和膩感。坐在教堂前的石階上，曬著太陽，吃著一份烤乳酪的星期六早午餐，一股幸福感油然而生……

綠色市集裡還有各種美不勝收的烘焙甜點、梨子與蘋果塔，另有幾攤現做中東美食，裹著頭巾的中東人，現場炸著鷹嘴豆做的Falafel口袋餅，旁邊則是排列整齊的各色中東餃子和炸餅，還有橄欖油與瀰漫香料味道的彩色沙拉、黑色與黃色橄欖及大顆醃漬蒜頭。

由左至右：梨子與蘋果塔、中東餃子和炸餅、各色德國香腸、非洲裔人賣的生鮮魚類和新鮮海味。

再往市場中央走去，則是偌大的生鮮蔬果零售區，有非洲裔人賣的生鮮魚類和河鮮海味，還有販售各色德國香腸及野牛肉攤位。其中最讓人賞心悅目的，是排列整齊的新鮮蔬果，一疊疊頭尾對齊排得如小山高的胡蘿蔔，利用蔬果天然的色彩對稱排成幾何圖形，有著裝置藝術般的美感。這個蔬果市場的品質等級都可看出是精選過的，種類繁多，甚至當沙拉食用的裝飾性花瓣都可在此購得。

不遠處有個賣新鮮生蠔的攤位，居然是台灣來的工讀生在負責銷售。我們買了幾顆品嘗，他們手腳俐落打開，擠上店家提供的新鮮檸檬，低上幾滴Tabasco，鹹鮮酸的味道十分清新爽口。

我恨炸魚薯條

Beyond Fish & Chips _048

還有一區專賣各地來的現煮熟食區，有像口井般大小的大鍋大灶，裡面燉煮著泰式海鮮綠咖哩、各種印度咖哩醬汁、德國超級大臘腸、西班牙海鮮飯等，如此大口的鍋冒出來的香氣與呈現出來的誘人色相，更是一般小鍋的十倍不止！

　　另一頭是朱比利市集（Jubilee Market），販賣的物品種類更多，有操著美國口音賣早餐穀片的攤位，賣粉紅色海鹽與岩鹽的小攤，賣蘋果酒、英國傳統豬肉派、煙燻火腿，甚至還有賣西式燻豆腐乾的嬉皮。我在一個義大利人攤子買了一小片乳酪當隔天的早餐。

　　臨走前，又回到入口處的麵包攤，成疊的大塊蛋白糖霜餅，五花八門的歐式麵包，我們買了一個無花果與杏桃加上迷迭香的麵包，拿在手上沉甸甸的。

　　隔天，在靜謐的旅館清晨中配上旅館的早餐咖啡，剝開麵包吃，裡面滿滿的果乾，配上昨天買的乳酪，簡單豐富的口感讓我想起賀加斯在〈美好〉畫中，描繪的遊樂會盛況，豐富如夢幻般的色彩，此起彼落的熱鬧聲響，這一切就像巴羅市場在挑動你的視覺與味覺。在這個市場中，嘗到的不只是世界各地的美味，更是歷史停駐在你舌間那一剎那的感動……

1. 2. 3.
　　　4.
5. 6. 7.

1. 排列整齊賞心悅目的新鮮蔬果。
2. 一疊疊頭尾對齊排得如小山高的胡蘿蔔。
3. 賣新鮮生蠔的攤位。
4. 泰式海鮮綠咖哩。
5. 成疊的大塊蛋白糖霜餅。
6. 無花果與杏桃加上迷迭香的麵包。
7. 法式甜麵包。

巴羅市場
🔹 8 Southwark Street, London, SE1 1TL, UK
🔹 +44（0）20 7407 1002
🔹 http://www.boroughmarket.org.uk/
🔹 週二11:00am~5:00pm，週五12:00pm~6:00pm

勒德洛藍紋乳酪麵包

小·熊·的·英·國·味

這款夾餡麵包用的是英國東北勒德洛小鎮生產的藍紋乳酪所做，
但你可以使用任何手邊現有的乳酪來製作，
會因為不同種類的乳酪做出不一樣的口感，
裡面所配的香草也可自行運用，
可以加進蔥、奧利岡諾香料、蒜片、黑胡椒、義大利香料等，
都可以自由運用。

材料

麵包部分

- 250g水
- 2小匙鹽
- 400g高筋麵粉
- 1大匙糖
- 20g奶油或橄欖油
- 4g速發酵母

內餡

- 200g藍紋乳酪
- 1杯細蔥
- 預備工作：先將以上材料搗碎並拌勻

做法

1. 先將麵包部分的材料順序放入麵包機中，設定麵團的功能，直至麵團完成。
   （也可用手工製作，將麵團攪拌均勻成濕潤並柔軟的麵團，休息20分鐘後摔打出筋，
   初步發酵50分鐘至兩倍大。）
2. 將發好的麵團（較濕軟）取出，灑上麵粉，將麵團分割成150g大小，
   揉圓並擀成1cm薄片，包入一大匙餡料，包好並捏緊收口，沾上一層麵粉排在烤盤上，
   置於溫暖處做後續發酵20分鐘。
3. 放入預熱好200℃的烤箱中，烤10-15分鐘至熟即可取出。
   （烤的時間要視烤箱熱力調整。）

{巴羅市場} 老饕的世界美食聚集地

Part1 _051

倫敦的中國吃
東方與西方的美食交融

倫敦是個包羅萬象的商業大城，車水馬龍、人潮擁擠、紛亂繁忙之外，也是世界各地追求前程與發展的人前來探索之處，而華人也是離鄉背井謀求更大發展的一大民族，因此在倫敦也可以看到許多中國人聚集於此。大約有超過78,000名從不同地方來的中國人住在倫敦，主要來自香港，其他的則有中國大陸、越南與新加坡。

華人社群是倫敦最老的群聚之一。因為英國從17世紀開始就與中國有貿易往來，中國士兵也在1782年跟著東印度公司的船來到倫敦，這一小群華人最初就居住在離港埠不遠的潘尼菲斯（Pennyfields）和萊姆豪斯堤道（Limehouse Causeway）。到了19世紀末，中國人在港埠社區約有500人，很多都是單身男性娶了英國女人生下孩子所組成的家庭。一直到今天，華裔倫敦人是最平均分布在倫敦各個區域的族群。

倫敦的第一個中國城大概是在1880年左右，中國跑船人為了逃避東印度船公司的束縛，而從東岸的萊姆豪斯地區發展出來的。這中國城本來一直都很興旺，直到戰後船業衰退才沒落了。到現在，很多老一代華人仍然住在萊姆豪斯地區，然而只殘留著一些舊街名與餐廳，低訴著她往日的熱鬧情景。

另一波移民潮則發生在1960年代，香港的土地轉移帶進了一些對前景幻滅的農人來到英國尋找新生活。那時有許多人定居在蘇活區與貝斯沃特（Bayswater），所以這裡開始有了初期的中國餐廳，很多從遠東回來的英國士兵便成為餐廳的基本顧客群。後來餐廳經營成功，慢慢就形成中國城。

越戰發生時，越南人也逃難移居英國，路易遜（Lewisham）、蘭貝斯（Lambeth）和哈克尼（Hackney）等地也在70年代成為另個移民焦點區。後來因為華人重視子女教育，在英國出生的華人逐漸成為各領域的菁英，也帶起這些地區的經濟興盛。到了1980與90年代，這些專業人士與移民學者慢慢搬遷至倫敦郊區的克羅伊登（Croydon）和科林代爾（Colindale）。

自從倫敦市議會將中國城轉型之後，倫敦的中國城也變成主要的華人文化觀光焦點。而最近來到這裡的多是從中國福建地區來的難民或移民。學校及華人教會雖然扮演了支援系統，比如提供老人家餐點、華文衛星電視、運動器材、語言課和租屋建議等，華人社區也提供諮商服務，但還是有許多從事餐飲工作的異鄉客因離鄉背井而孤單苦悶，又因為不會說英文無法與他人社交，最後只好以賭博來紓解壓力，造成很多社會問題。

2008年中國舉辦了奧運，並由倫敦來接棒，所以最近倫敦與中國的交流發展也益發密切，一連串文化與經濟上的交流，加上許多展覽也提高了很多人對中國文化的重視，倫敦的特拉法加廣場（The Trafalgar Square）甚至還慶祝中國新年，成為倫敦慶典事曆中的固定活動。

華人的韌性與耐力亦是其他民族少見的，尤其中國南部人民族性堅強，喜歡向外發展開拓生涯，所以在英國，不只是倫敦，各大城市甚或鄉村小鎮到處都可見到華人分布散居，也可見到中國餐館和外賣店林立，而不論價位或內容，都比其他種類的食物經濟實惠。

英國的人工費用高昂，在英國餐館吃的不一定是食物，反而是人事上的支出，都轉嫁在你眼前的那疊食物上了。

　　然而中國菜的價美物廉卻是其來有自，華人在異鄉打拚的那份執著與不甘認輸的志氣支撐著他們，願意以自己的勞力換取金錢，才能讓客人以低價滿足飽餐一頓。此外，有人說在英國可以享受到比香港本土更好更高品質的粵菜和港式點心，原因有二：其一是香港1997年政權回歸中國時，港人無不人心惶惶，深怕被大陸統治後將被剝奪自由，因此極力想尋找出路，就在那時，英國提供給有特殊職能的港人簡單申請成為英國公民的辦法，所以香港菁英紛紛運用各種管道離開香港，其中也包括香港飯店最好的廚師，他們來英國定居，也帶來最好的廚藝。而且有些頂尖廚師受聘到曼徹斯特的新餐廳當主廚，所以曼城的中國餐廳號稱是全英最好的呢！

1. 撫慰遊子心的港式叉燒麵包。
2. 中國城裡也有為數不少的日本餐廳或簡餐店。
3. 中國城中香港人鍾愛的「旺記餐館」，以便宜大碗、侍者態度惡劣聞名。
4. 中國城附近的歌劇院。

　　華人來倫敦遊玩，在離家一段時間後，總會思念起噴香的白飯，現炒熱菜直衝腦門的快感，是在英國旅行吃膩了冰冷三明治或炸魚薯條後所渴求的美味和溫暖，以安慰在英國入夜後的冷寒胃腸。

　　曾經有一次離開倫敦多年後回去遊玩，在一整天奔波之後，夜幕低垂之際，雖是初夏，脖頸卻傳來一陣寒意，在這樣的夜晚，我們沒有選擇比利時餐廳的淡菜與薯條，決定直驅貝斯沃特暖暖肚腹。不長的街上，就有二十家左右的中國餐廳，我們隨意找了一家，叫了些客飯與湯麵，在消費高昂的倫敦，這樣一份四、五鎊的客飯，已經是疲勞旅途中令人滿意的滋味了。

　　中國城還有一些小店也值得一提，比如帶點復古風味的麵包烘焙坊，是以前到中國城採購食材離開前必去光顧的地方，特別是店中琳琅滿目的麵包甜點，雖然精緻度比不上台灣任何一家麵包店，味道上卻有著讓人想一再回籠光顧的吸引力。

　　很多年前剛到倫敦念書時，常看到台灣、新加坡或香港朋友老喜歡買好大一盒「港式叉燒麵包」回來請大家吃。那時心想，到底是什麼美味啊？為什麼總要買這麼多？叉燒麵包的外表非常平實普通，就像我們常吃的紅豆麵包，只灑了幾顆芝麻點綴。可是當紙盒一打開，一股新鮮烘焙好的麵包酵母奶油香先迎面撲來，拿起麵包，先感覺到那厚實的重量，而且個頭很大，用手撕開麵包一角，那混合著紅蔥頭和香油的濃郁肉香味立刻充滿房間，裡面是結實的叉燒瘦肉塊，不是鮮豔的紅色，而是引人食欲的蠔油醬色。

一口咬下，麵包並不是輕忽飄渺的鬆軟餐包，那烤得稍微深色的外皮，吃來帶點咬感，配上香甜卻不膩的叉燒餡，揉合了紅蔥的深奧香味，皮與餡恰是完美的搭配！終於了解為什麼大家去中國城，最少一定要買一個或是一大盒叉燒麵包！這個叉燒麵包就像放了鴉片，會上癮的，隔一陣子想起會恨不得立刻跑去中國城搶兩個回家吃。這股叉燒麵包瘋還像傳染病似的，吃過的都會染上叉燒麵包癮，而且一個傳一個，幾乎每個剛來倫敦的新鮮人，本來不愛叉燒包的，一旦吃過就不能自拔，深陷其中！

　　不過這個叉燒麵包也只有在倫敦中國城買的好吃，我在美國買過類似的，就完全不是那麼回事，口感調味和份量都差強人意。

　　叉燒麵包的好吃，我想是因為學生時期生活在物價高昂的倫敦，能吃到這麼好吃又料多的麵包，而覺得格外好吃。也可能是因為剛到異鄉，受到前輩的溫暖招待，那個讓人泫然欲泣的感激心情，滿心溫暖拿起叉燒包吃下時，增加了本來就新鮮的麵包熱度，無形中也為口感加分！叉燒麵包本身可能不特別，特別的是吃麵包時的心境與環境，一個初到異鄉孤單無助的學生，就在這簡單麵包裡找到一絲安慰與力量，這種心境相信出國求學生活的人都會了解。

　　然而，每道細巧精緻味美好吃的港式點心背後，也有著不足為外人道的辛酸故事：英國有許多從中國福建偷渡來的難民，他們多半被人蛇集團花言巧語矇騙，冒著生命危險，擠在載貨渡船艙底偷渡出國，輾轉從大陸邊境經由莫斯科到歐洲，再從法國海境坐船來到這裡。有些好不容易出來了卻立刻被抓遣送回中國，有的變成影子市民和沒有身分的賤價勞工，膽子大的雇主供他們吃住與極低的工資，有人躲在中國超市做雜工，有的就在餐館做苦工，一天工作18小時極盡剝削，晚上就和六七個同是偷渡的難民擠在小房間睡覺。

港式點心是亟需勞力手做的食物，這些雇主就利用這些極低廉的人力，訓練他們成為做小餃小包的能手，日以繼夜地包著，包完就繼續洗切與備料揉麵，或許才吃了15分鐘的晚餐，就一刻不得閒繼續清潔地板，刷洗油汙的廚具……這些用許多汗水淚水捏成的小包小餃，究竟包進多少我們無法看見的黑暗？誰說美味料理是用愛做出來的？至少，在英國美味精緻的港式點心，是用患難為原料，化成一籠三個美麗的12折半透明蝦餃，讓人看不見、吃不透裡面的酸苦滋味。

　　中國餐廳在海外處處可見，我相信立足在異鄉的每家餐館，都有著華人胼手胝足、努力想在陌生土地做出一番事業的血淚史。當我們來到這些地方，這些食物或許不是那麼滿是感情的富有台灣味，或許品嘗到的是港式粵菜或是越南風的中國菜，在這個清冷的英國，這些看似熟悉卻陌生的菜式就像這些在海外的「中國城」，看似中國風，可是你踩著的土地、呼吸的空氣，卻完全與中國無關。

　　你真的是中國人嗎？當你走在騎樓高掛紅色燈籠，店口賣著白菜蘿蔔，到處掛著烤鴨燒雞中國餐廳的「China Town」，或許你會開始懷疑，我到底是誰？有著身在何方的感慨與迷惘呢……

1. 中國城中賣叉燒麵包的烘焙麵包店。
2. 中國餐館中的南洋菜，蛋酥炒海鮮。

腐竹牛肉丸

小·熊·的·英·國·味

英國茶樓必有的一道點心，
丸子軟嫩鮮甜，不卡喉夾牙，輕鬆就可吃下。
丸子下墊的腐竹更是吸飽了肉汁，
蒸得入口即化，是九歲到九十九歲都會喜歡的茶點。
丸子加了清脆芳香的碎馬蹄（又稱荸薺），增加口感外，也多了一些降火氣的涼味。

材料
- 300g牛肉
- 60g肥豬肉
- 50g蔥末、香菜末
- 50g馬蹄碎粒
- 2根腐竹，用熱水泡軟

調味料
- 20g蠔油
- 10g糖
- 20g太白粉或馬蹄粉
- 100g水
- 15cc香油

做法

1. 牛肉、肥豬肉分別絞成肉泥；腐竹皮用開水泡軟後瀝乾切小塊；
   取一小盆將調味料拌勻成粉漿，備用。

2. 取另一盆放入做法2.的肉泥摔打、攪拌至有黏性後，加入做法1.的粉漿約1/3攪拌，
   攪拌至粉漿完全被牛肉吸收後再加入剩餘的1/2粉漿，重複攪拌，
   粉漿加完，加入馬蹄碎粒、蔥、香菜末及香油充分拌勻即可。

3. 盤底墊上腐竹皮，將牛肉利用手掌虎口的部分擠成丸狀
   置於腐竹皮上，入蒸籠以大火蒸約12分鐘即可。

我恨炸魚薯條

{倫敦的中國吃} 東方與西方的美食交融

Part1 _059

避暑勝地布萊頓
嬉皮與藝術家靈修的海邊

　　英國是個島國，英國人也和其他歐洲人一樣，非常享受在海灘上無所事事做日光浴的度假方式。而距離倫敦不遠的布萊頓（Brighton），一直以來都是倫敦人的避暑勝地，那裡有著一般海岸小城因為日照充足而有的鮮明色彩，近年來更成為喜歡玩音樂與藝術的嬉皮雅客居住的城市，因此除了當地本來就有的天然景致，還加入許多人文色彩，讓這座城市多了另類的感官經驗。而這些也反映在當地的餐飲風格上，除了沿著海岸邊林立的海鮮餐廳、隨處可見有特色的炸魚薯條店，更有許多結合自然風的設計與強調使用當地食材的特色餐廳。

布萊頓位於英國南海岸的東蘇薩克斯（East Sussex），從倫敦開車約兩小時即可抵達。布萊頓每年湧進約八百萬觀光客，很多商務會議、工黨或保守黨也常在此開會。每年五月還會舉辦布萊頓藝術節，有戲劇、音樂與視覺藝術等表演活動，是僅次於愛丁堡藝術節的英國第二大節慶。藝術節最早是從「藝術家開放展」（Artists' Open Houses）開始，也就是藝術家與手工製作者將他們的家當做藝廊開放給大眾參觀，並販售作品。因此布萊頓慢慢聚集了許多藝術家來此，走在街頭巷弄中，便會看到民舍裡有三三兩兩的藝術家正在工作，他們也歡迎大家參觀，與一般店家完全不同的個人色彩，成為布萊頓極有特色的街景。

左. 布萊頓碼頭，有許多觀光客。
右. 布萊頓富異國風情的皇室夏日行宮。

布萊頓也是英國最大的LGBT族群（同性戀、雙性戀與變性人）聚集地，相關的商店、酒吧、夜店也都因為這樣的族群而存在，因此布萊頓也常被說是「大不列顛的同性戀首都」，每年八月的同性戀遊行嘉年華吸引數千人前來參加。

　　因著這樣的背景，布萊頓的街景及商店與一般城市大異其趣，充滿同性戀與藝術家、靈修與素食者，巷弄中常可嗅到裊裊薰香氣味，帶著強烈New Age氛圍。這裡吸收了世界各個宗教以及環保主義、靈修、神祕學、代替療法等元素，各式各樣的新世紀次文化活動相當興盛，如參加讀書會、冥思團體、聽演講，或是購買圖書音樂、水晶或焚香、醫療或能量金字塔等產品，找算命師、治療者與精神諮商師等。他們相信飲食習慣不僅會影響心靈，也會影響身體。許多人喜歡食用當季在地種植的新鮮有機蔬果，街上到處是強調心靈健康的素食餐廳，以及標榜「顏色治療」、「能量治療」的另類療法店面。

　　所以在布萊頓，你可以吃到據說是全英最好的素食餐廳。這種歐式蔬食餐廳採用大量蔬果、乳酪及各種豆類做主食，有些人甚至不吃乳製品，因此豆腐類食物也在這裡大量運用，只是口味與質感跟我們吃的豆腐大不相同。所以在布萊頓可以吃到西式蔬食餐，也是另一種有趣的選擇。

我恨炸魚薯條

Beyond Fish & Chips _062

這地區也以市場和園藝出名，生產大量蔬菜與水果。有一種「鵝果」（Leveller Gooseberry）在一般超市不易見到，外型大小類似青葡萄，初到英國時誤以為是葡萄，買來一吃，整張臉縮成一團，因為實在太酸了。不過這種莓果很適合拿來做果醬。而這裡因是沙地，所產的鵝果據說非常香甜，用來釀成鵝果酒也成了當地的特色飲品，可惜我一直無緣一嘗。

這裡還有個特產——蘋果所釀的西打（Cider），可說是英國的「國家飲料」，是1944年諾曼地登陸後從法國引進的飲品。它不是台灣喝的蘋果汽水，也不像啤酒帶著麥香的苦味，而是金黃色的氣泡酒，滋味偏甜。最好的蘇薩克斯西打因為使用叫做「甜點」的蘋果（Dessert Apple）所釀，相較其他地方使用苦甜或苦味蘋果所釀的蘋果酒，更少了酸與銳利的刺激感。因此這裡的蘋果酒發酵出偏「乾」的口感，有著近似白酒的特色。成立於1946年的The Merrydown 釀酒廠，就特別生產這種特色的蘋果酒。他們第一次生產的蘋果酒約有450加侖，儲存在300年的橡木桶中；現在，產量已經提高到 40萬加侖了。

這區還有極富特色的傳統甜點，Pudding在英國泛指一般甜點，並非我們吃的小型軟滑冰涼雞蛋布丁，如Sussex Pond Pudding則是巨型的「大布丁」，上尖下圓，外層是像派餅的油皮，裡面是奶油與糖醃漬的一整顆檸檬，要在水中蒸煮三個小時，當派做好翻轉過來時，在布丁的底層會形成一圈棕色的甜汁小池塘，所以叫做Sussex Pond Pudding。還有叫做Ripe Tart的櫻桃水果塔，以及不含任何黑李子的Sussex Plum Duffs，然而這些甜點不外乎油糖與葡萄乾、乾梨子糖，材料大同小異，老實說口味也沒有太大差異，只是不同地區的甜點在名稱與呈現形式上稍有不同，再加上是當地的材料所製成，便形成該地的特產。

| 1. | 2. | 3. | 4. |

1. 布萊頓街頭到處可見賣雜藝的藝人或藝術家。
2. 顏色治療的靈修中心門口。
3. 風格現代化的素食餐廳。
4. 布萊頓特產，「國家飲料」蘋果酒。

到處可見的炸魚薯條小店。

　　海岸邊到處都是炸魚薯條的餐廳或小店，其中不乏標榜得過獎的炸魚小店，Bardsley's Fish and Chips這家就很受歡迎。我在布萊頓吃過的炸魚薯條品質都不差，有些講究的是使用啤酒調出的粉漿來炸，以這種充滿空氣的粉糊做出來的炸魚，外層是極為酥脆的麵漿，內裏的魚肉完整保存了濕潤的口感。他們還愛在魚與薯條上灑上麥芽醋，炸過的油氣，混合著醋的刺激充塞在小店四周。光顧這種店，帶走的不只是一包炸魚薯條，還有專屬英國的飲食文化，愛吃的人不能一日沒有它。

　　除了薯條店，我想推薦一家能反映當地餐飲文化的特色小店：Bill's Produce Store。這家店距市中心有一小段距離，附近有大大小小的藝術家工作室和賣二手衣及唱片海報的小市場。與一般密閉式的餐廳不同，Bill's Produce Store在門口經過時就可以感受到裡面的氣氛，禮拜六中午的午餐時間更是喧鬧沸騰，很少見到英國的餐廳或咖啡館需要排隊的，這家開放式的Cafe不但每張桌子都坐滿了人，顧客也心甘情願等待進場。

　　這家店的裝潢與擺設也非常有趣，屋頂如儲藏室般露出排氣管與鋼管，牆壁四周都是置放其產品的架子，架上就是他們自產的果醬與各式罐裝食物與酒，地上與冷凍櫃則有新鮮的蔬果和地中海沙拉。從天花板上吊掛下黑板，寫著今日餐點和酒類飲料，裝飾有成串的乾燥辣椒，整家店有股隨性自然的氣氛，讓人覺得這個店是與外面的空氣融為一體的。

　　好不容易等到桌子坐下，桌子是像被水沖刷過的自然原木，四周的現打水果汁和飲料，透過陽光映在桌上，整個餐桌滿是亮亮的彩色小點，煞是鮮豔好看。

我恨炸魚薯條

Beyond Fish & Chips _064

1. 2.
3. 4.

1. 屋頂如儲藏室般露出鋼管，牆壁四周都是置放產品的架子。
2. 店中賣的普羅旺斯綜合香草，以葉子包裹，再以麻繩綑綁。
3. 店中寫滿菜單的黑板和熱鬧的人潮相互輝映。
4. 架上陳列著店家自產的果醬和各式罐裝食物及酒。

冷凍櫃裡和甜點櫃上，放著讓人一看就想尖叫的「奇型異果」！

　　我離開座位去看他們的甜點櫃，想一探知名的「鮮花蛋糕」和「水果插花」。他們的冷凍櫃裡和甜點櫃上，放著讓人一看就想尖叫的「奇型異果」！

　　櫃檯上的胡蘿蔔蛋糕，厚厚的糖霜上是一支支迷迭香枝葉，為了呼應胡蘿蔔蛋糕，上頭插的是橘色百合或金針花。冰櫃裡的蛋糕更像溫室裡的花，每個蛋糕都有插花的底座，布朗尼上鋪的是新鮮切片的橘色杏桃與伊朗大甜棗，幾片尖葉中有著紫色和黃色百合。我很喜歡的一個裝飾是將蛋糕以鮮奶油與南瓜子貼滿，蛋糕上墜滿鮮紅的草莓與小顆黑莓，再以對比色的瑪格麗特小花插在這些莓果上，蛋糕竟然有在野地上隨性生長的感覺。還有烤蛋白糖霜蛋糕上豐富的溫帶與熱帶水果的綜合拼圖，另一個以迷迭香、白玫瑰、覆盆子組合成的壯觀插花，讓人歎為觀止。甜點與蛋糕，不就是道道甜人心的食物嗎？這些蛋糕光看就讓人心花怒放，不需蛋糕甜嘴，就讓人心裡滴出幸福的蜜來！

　　我們點的是水波蛋、當地火腿與荷蘭奶油醬。上菜時，我注意到那以水泡煮出的水波蛋呈現出一種渾圓的形態，立體的像顆乒乓球，上面大方地淋滿滑順的淡黃色荷蘭醬，雖只是簡單撒上現磨的黑胡椒與鮮摘的巴西利葉子，但感覺就很清爽高雅。刀子一切下，鮮黃的蛋黃與荷蘭醬融在一起，手工現做的麵包吸飽了醬汁，頓時整個口腔都是蛋奶香！

右頁. 水波蛋、當地的火腿與荷蘭奶油醬。

我恨炸魚薯條

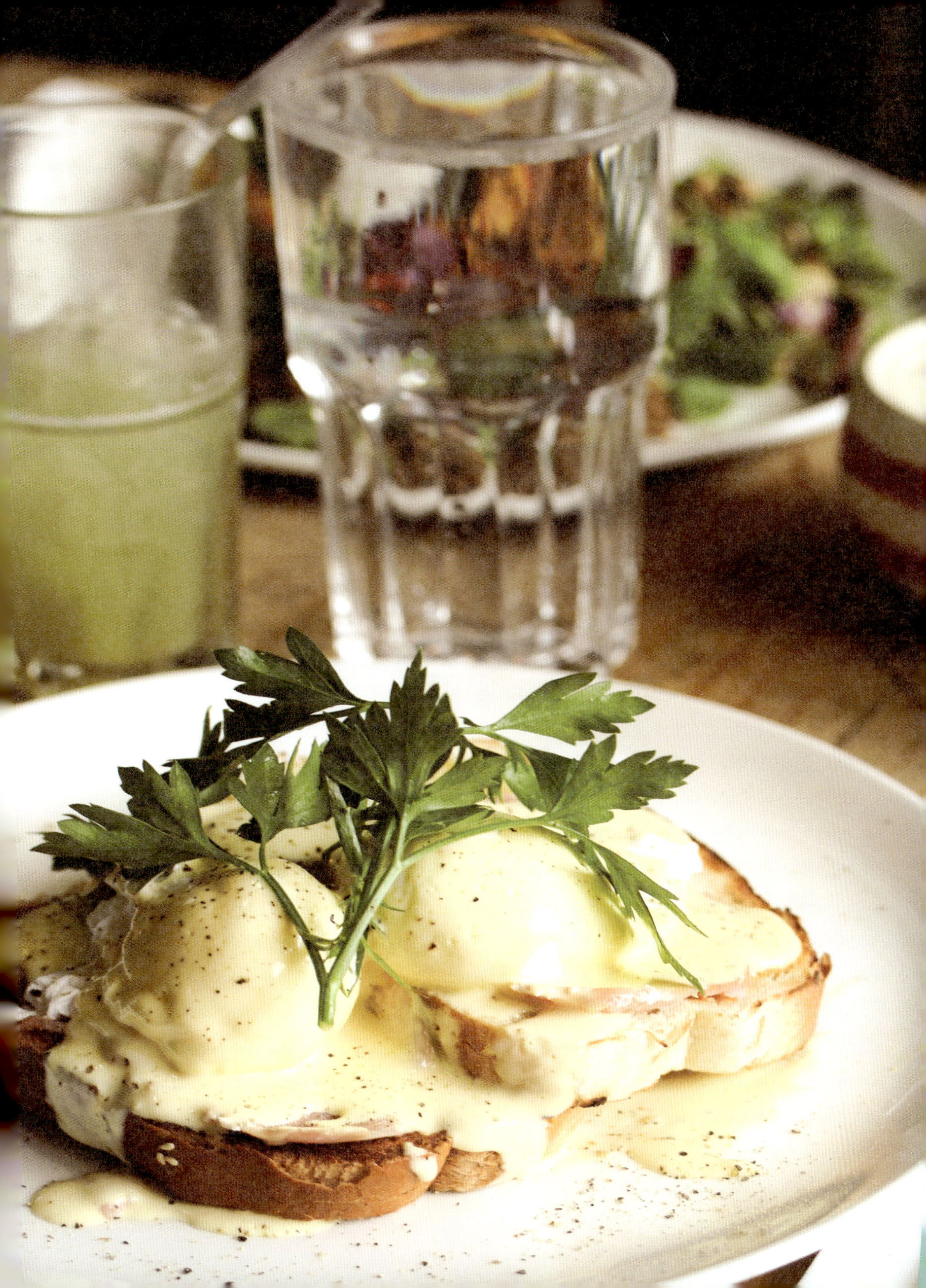

1.

　　那天的特色菜是：燻鱈魚塔、蕃紅花花椰菜，以及帶點印度風的椰汁扁豆。菜一上來就讓人驚豔，延續了鮮果蛋糕上的插花風格，廚師善用各種食物的顏色與形狀，架構出一疊自然卻優雅的餐點。被番紅花染成橘黃色的花椰菜圍著紫色的沙拉葉並插著一小把蝦夷蔥，扁豆沙拉上是各種形狀的綠色沙拉葉，襯著旁邊也是以蕃紅花馬鈴薯泥為頂的鮮黃魚派，彷彿也跳躍了起來。

　　這個燻鱈魚塔的塔皮很酥脆，小小的塔皮中有著燻過的鹹香鱈魚塊，上面的薯泥香滑，是傳統的英國魚派的變化版。我最喜歡的是一旁燉煮得十分柔軟的小扁豆，是以椰汁煮成，加上香菜與芒果泥來調味，酸甜中有些辣味的印度風口味，很特殊的配法，滋味很突出。

我們環顧其他顧客所點的菜，最熱門的是英式傳統早餐，雖然食材跟一般餐廳差不多，但是店家所呈現的擺盤就是有其特殊風格。最重要的是他們用料上的選擇，每一口都吃得到新鮮與質感，配上店家在各方面細節的用心，讓人覺得在這裡的午餐不再只是一頓午餐，而是一場視覺享受，心靈上因色彩的悅動而欣喜。雖然只是兩盤餐點與一杯綠色蔬果汁，卻是在布萊頓有過的最好一餐。

來到這個海岸城市，吹著海風，看著有趣的街頭人物和藝術小店，逛過大大小小的海鮮餐廳和炸魚薯條店，朝聖過布萊頓的異國風情夏日行宮，可以繞道到這家其他地方找不到的Bill's Produce Store歇腳吃飯。聽說這裡晚上會燃起大燭，更增添熱鬧的狂歡氣氛。度假，就是選擇與平常不一樣的心情與環境，位在倫敦不遠處的布萊頓，實在是個不虛此行放鬆心情的好去處呢！

1. 燻鱈魚塔、番紅花花椰菜，以及帶點印度風的椰汁扁豆。
2. 別桌客人點的菜中，最熱門的是英式傳統早餐。

Bill's Produce Store
100 North Road, Brighton BN1 1YE, UK
+44（0）1273 692 894
scott@billsproducestore.co.uk
週一至週六8:00am~10:00pm，週日9:00am~10:00pm

燻鮭魚派佐
印度風椰汁扁豆

小·熊·的·英·國·味

這道鹹塔是根據在Bill's Produce Store吃到的燻鱈魚塔所改成的。
Bill's Produce Store是以迷你小塔的方式來呈現，
而我做的是一整個派，這樣做自然比較省時省力，
只需要準備一個空的派皮，餡料調拌好，即可入爐烘烤。
椰汁扁豆則是帶有印度風的味道，忠於Bill's Produce Store的原味。

燻鮭魚派

材料〔四人份〕

- 烤好的現成8吋派皮一個
- 3個雞蛋
- 1杯鮮奶油
- 1塊無骨鮭魚切丁（若使用燻鮭魚最佳）
- 炒過的大蔥一枝（亦可使用一般粗莖的蔥）
- 適量鹽與胡椒

做法

1. 將以上材料全部一起拌打均勻。
2. 倒入空派皮中，放入預熱180℃的烤箱，烤約30分鐘，竹籤插入不沾即可。

印度風椰汁扁豆

材料

- 2杯扁豆，泡水一夜
- 2杯椰奶
- 1大匙薑、蒜、辣椒碎粒
- 1杯芒果泥
- 切碎香菜適量

1.
2.
3.

做法

1. 鍋中放油一大匙，輕炒薑、蒜、辣椒碎粒。
2. 放進扁豆略炒，加進一杯水，至水分完全吸乾，再放進椰奶煮開，轉中火蓋上鍋蓋悶煮約40分鐘至軟熟。
3. 熟後灑上香菜末，以適量以鹽與胡椒調味，調進芒果泥即可。
4. 擺盤：將派切塊，將椰汁扁豆擺在旁邊，上面飾上一株巴西利葉即可。

人文薈萃的劍橋
微生物學家經營的肉鋪

　　劍橋，說起這個地方，最直接的聯想就是英國的學術大城，是世界菁英的聚集處，也是諾貝爾獎得主的孕育河。最出名的當然是徐志摩〈再別康橋〉中的情景，幽靜的劍橋運河，年輕男子撐篙而行，鴨子與鴛鴦在岸邊搖擺著尾巴，和煦的陽光映照河面，河邊楊柳隨風飄曳，交織出一幅令人嚮往的美好畫面。

　　但這個學術之地，並非只有書香，也不乏各種誘人的果香、烘焙的蛋奶焦香，甚至肉與酒醞釀發酵的奇異滋味。

　　劍橋還是一些英國特殊食物的發源地，像是少為人知的「劍橋大學布丁」（Cambridge or College Pudding）。這道甜點的第一個歷史記載是在1617年，一本古老的食譜描述：這是以麵包糠混合各種乾果與牛板油，還有雞蛋與牛奶，包在鋪過麵粉的布中，以蒸的方式做成。據說這就是現在英國人吃的耶誕節布丁的前身。

此外，好幾種厚重濃郁的蛋奶食譜也出自這個地區。比如上面覆蓋著一層焦糖的美味濃郁卡士達布丁，以及與法式烤布蕾非常類似的甜點糖燒奶霜（Burnt Cream）；而糖燒奶霜是19世紀一位從事學術研究的美食家在三一學院的廚房所創造出來，至今仍是經典的甜品，果然有其顯赫的背景！

還有我們現在吃的各種小塔（Tartlet）也是劍橋廚房發明出來的，以磨碎的杏仁粉為塔皮材料，裡面填奶油卡士達醬，那時叫做Cream Darioles，意思就是奶油小餅乾，裡面填有各種細緻的餡料。據說這種塔是1890年代劍橋大學生的最愛！這種點心如今在超市都有販售，有蛋塔似的，也有填果醬與各種果乾絞成的甜餡料。

劍橋過去被水覆蓋，後來乾涸了好幾世紀而成為沼澤，因此這裡的土壤肥沃，向來產有很多蔬果和穀類，被稱為「英國的食物籃」。這裡的土壤特別適合栽種各種莓果，如草莓和黑莓，還生產英國才有的「布萊姆立蘋果」（Bramley Apple）。這種蘋果外表是綠色，通常一顆直徑就有一個巴掌大，質地特殊，味道酸甜，香味濃郁，煮了之後會如馬鈴薯化成泥狀，因此非常適合烹調，常用來煮成蘋果醬，甜甜的濃醬是英國人佐豬肉或培根餐的最佳配角。

| | 2. | 3. | 4. |
| 1. | 5. | 6. | |

1. 劍橋的學院，宏偉的建築。
2. 劍橋四處可見的運河景色。
3. 劍橋的學院景觀。
4. 糖燒奶霜甜點。
5.6. 隨處可見的各種莓果、野生的黑醋栗或黑梅。
（圖1.2.3.5.6.，陳育寬 攝）

UNIVERSITY OF CAMBRIDGE
800 YEARS
1209–2009
1209
1381
1446
1584
1687
1787
1859
1988
transforming tomorrow
800

TOUR
HIRE
STEPS

劍橋的杭廷頓（Huntingdon）有道很特別的Fidget Pie，是相當奇異的甜鹹組合——以洋蔥、培根、布萊姆立蘋果混合做成。不過其實沒有人確切知道這名字的由來。「Fidget」這個字是坐立不安又煩躁的意思，有一說這樣做出來的派會產生很多湯汁，切塊放入盤中時香氣四溢，美味誘人的模樣，讓人看了就坐立不安，蠢蠢欲動！還有人叫它「臭鼬派」（Fitchett Pie），可能是烘焙時會傳出一種臭味，不過這樣組合出來的菜餚，難免讓人有異味的聯想。

　　甜點之外，劍橋向來也因有好品質的香腸而馳名。很多劍橋當地的肉店，仍有自己特別的祕方來做香腸，像是英國一家以製作香腸聞名的大公司Waller's，甚至以他們的皇家劍橋香腸（Royale Cambridge Sausage）做標準，規定所有的香腸一定要有外面那層腸衣才能稱為「香腸」。

　　劍橋這座學術城市有許多學生，所以也應運而生不少熱門Pub。還有因其豐富歷史背景而出名的「The Orchard」，原本只是個果園，後來演變成喝午茶的茶屋，完全是意外產生的結果。最初一群劍橋學生請果園主人在開滿花的果樹下提供他們茶與茶點，卻沒料到1897年的這天早上，開始了劍橋這項特殊的傳統。

　　這個在果園喝茶的習慣，很快就傳遍了整個劍橋大學，立刻成為「上流人士的休憩所」。直到1909年，果園主人因為財務困難，便由一位剛從國王學院畢業的學生布魯克（Rupert Brooke）接手，本來這個年輕人因為煩人的社交生活才搬到劍橋，卻沒想到他的個人特質反而吸引了更多參觀者，讓他的果園變成以他為社交中心的聚會場所。

1. 2.	5. 6.
3. 4.	

1. 劍橋城市街景。
2. 劍橋大學的標誌旗。
3. 劍橋旁的河岸風光。
4. 在果園喝茶的習慣，很快就傳遍了整個劍橋大學，成為「上流人士的休憩所」。
5. The Orchard果園茶屋外觀。（照片取自The Orchard官網）
6. 帶點思古幽情的Pub窗邊一隅。（圖1.2.3.4.6.，陳育寬 攝）

這個英俊年輕人後來離開劍橋到各地旅行，最後死於一次世界大戰他服役的船上，死時只有27歲。然而他寫下許多詩篇流傳後世，獨特的個性成為許多人想像與嚮往的對象，稱他為「年輕的阿波羅」，而The Orchard後來也越來越受歡迎，變成許多人來到劍橋的必訪勝地。至今仍有不少年輕學生遵循傳統，在果園品嘗著名的「醉眼朦朧」──一杯香檳與草莓。

　　我想這個充滿人文色彩的果園茶屋，已經成為劍橋人的精神象徵，而布魯克也成了劍橋人該有的形象──活得瀟灑不羈又才華洋溢，這位帶著些悲劇性格的詩人，就這樣為The Orchard果園注入了浪漫精神。

　　劍橋的學術風氣極盛，就連這裡的肉商都有著科學研究的背景。曾在英國第四台（Channel 4）電視台一位美食記者的部落格中，看見他們採訪劍橋一家販賣肉品與自製香腸及培根的肉店「肉的藝術」（The Art of Meat）。因為許多民眾推薦他們的自製肉品，而這家店也是英國幾位知名美食評論家的最愛肉店！

　　這家肉店位於住宅區的購物區裡，旁邊有平價超市、花店與烘焙坊，小小圓環沒有幾家商店。在這個看來十分普通的地方，這家窗明几淨、藍白相間色調的小店顯得乾淨得有些突兀，櫥窗裡只擺放幾塊零星的肉品。進入店中，只有一位穿著正式白色短袖西裝、紫色襯衫與領帶的紳士，套著件及膝的藍色圍裙，店裡完全沒有一絲腥氣。櫥櫃裡的肉類數量不多，每一塊都像被尺量過一般，切得工整俐落，有圓的漢堡肉、乾淨光滑的豬里肌肉，看不見一絲一毫多餘的肉絲肉塊突出於繩索綁好的圓筒肉上。此外，有一整塊的Porchetta也在櫥櫃中，Porchetta是義大利菜的肉品，準備起來相當麻煩，首先必須去大骨，加上大量的鹽，填餡中通常會有蒜頭、迷迭香、茴香以及一些野生香料，一層層依肉、脂

左.「肉的藝術」店門口外觀以及櫥窗。　右.丰采迷人的屠夫庫柏。

肪、肉皮順序放入填餡，最後再整個捲起綁牢。這個已經預備入烤箱的肉塊，做工相當麻煩，我從沒在其他地方見過販售這種義大利式手工製作的肉塊，這家肉商的技巧與知識由此可見一斑。

這家店引人注目的地方，因為是由一位前微生物學家瓊（Jon）所經營，還有兩位合夥人貝瑞（Barry）與庫柏（Paul Cooper），後者就是我們去時在店中服務的男士。他本來是米其林星級餐廳的廚師，為人親切友善，自豪又有禮地侃侃而談自家的產品特色。我拿著相機東拍西照，也要求他入鏡，他姿勢一擺，手肘一撐，一副輕鬆自在又不失個性的模樣，表現出對專業的自信。嘿！這家肉店連「屠夫」都是這樣風采迷人！

肉鋪已經營業四年，一開始經營有些困難，可是因為提供極高品質的商品和服務，第一年便回收雙倍利潤。他們的經營理念很簡單，就是盡量使用當地有機生產的肉，選擇品質好的肉是必要條件。他們甚至有自己的實驗室，長期觀察培根或其他肉品醃製的改變過程。他們做這些加工肉的方法與其他肉商很不同，比如他們的培根是不注射水的，所以更加濃縮了肉的味道，也不會在烹調過程中大量縮水。

我因為在布魯門索開的The Hinds Head，吃過那道以蘇格蘭高地的Blade Steak做出的慢烤牛排，驚訝它的豐美多汁，便對這種牛排充滿好奇，沒想到在這家店看到僅剩的一塊！帶著點瑪瑙石色澤般的暗紅，就躺在櫥櫃的一角，我一看大喜，便請他拿給我，也順道請教他Feather Blade Steak到底是牛的哪個部分。

肉店中各種切割清爽整齊的肉類與擺放肉品的櫥窗。

　　庫柏很高興也很意外居然有人「識貨」知道Feather Blade Steak的祕密，他非常熱忱又清楚地向我解釋這塊叫做「羽毛刀刃」的肉就位於牛前方肩膀，在牛肩骨之後，這塊肉平常運動不多，卻又不似牛腿部因運動很多而堅韌。這塊肉切開來中間有一條白色薄筋，其餘油花就如羽毛般散布在整片肉上，光看就讓人聯起起神戶牛排的美味，其實它就像沙朗一樣柔軟多汁，中間的筋在烹調後會像果凍般融化。然而許多人不知道這塊肉是什麼，因此價格只有不到沙朗的三分之一，這幾年景氣低迷，這塊肉實在是一般牛排最好的替代品。

　　我買下這塊肉，用他建議的方式當牛排煎煮，簡單地以奶油煎了數分鐘，肉尾那塊突出肉角近乎粉紅色，布滿油花，一煎肉汁就融化在肉中。將這塊肥美牛排放進口中，果然香味四溢，油脂化成一股甜美汁液散布在口腔，這個價錢就能有這般如頂級牛排的美好享受，真的是吃到美味，也學到一課，物超所值哪！

我恨炸魚薯條

Beyond Fish & Chips _078

他們的自製香腸中所有香料都是自己調配的，如Hobson's Choice（根據劍橋一位著名馬伕之名命名），也贏得美食家弗特（Matthew Fort）大大讚賞。另一款義大利Stallion口味的香腸，是瓊的義大利籍阿姨的祕密配方，加入了茴香子、現磨胡椒和一些辣椒做成。

他們每天都會生產不同口味的香腸，我們那天買了原味與非常特別的「蘋果香草豬肉香腸」，乍聽之下真的是相當詭異的組合！因為在我們的觀念中，蘋果與香草一般都是運用在甜點類的料理上，而這樣大膽的組合方式我只有在一些星級餐廳見過。因此從他們勇於創新與實驗的精神中，可以感受到他們對美食確實大有熱情，而非只是當做生財工具而已。

據庫柏說這香腸除了蘋果外，還加入薑蒜、辣椒，非常特別的是在其間加入香草的芬芳。我們買回去後做成英國傳統菜「蟾蜍在洞」（Toad in the Hole），香腸一吃真的就讓人驚豔，不但肉的成分很多，還有滿滿的嚼感與肉的香甜，香料一點不突兀地增添味覺的層次，帶著你從滿是酒香的地窖，登上有青草香氣的土地，這真的是我吃過最好吃的香腸，調味上的精心與獨特，彷彿在這一口簡單香腸中吃到許多人奉獻的心血。

總而言之，劍橋是個人文薈萃的精華之地。這趟劍橋遊，感受到的氣氛是歷史與人互相盪漾出的細碎鈴聲，而茶、酒與肉，則是鈴聲中的細緻迴響，在整個畫面中的一角發出微微的光芒，卻是讓這幅歷史圖畫更加可口的重要點綴。

The Orchard果園茶屋
45-47 Mill Way, Grantchester, Cambridge, Cambridgeshire, CB3 9ND, UK
+44（0）1223 845 788
http://www.orchard-grantchester.com/
12月至2月→週一至週日9:30am~4:30pm，3月至5月&9月至11月→週一至週日9:30am~5:30pm，6月至8月→週一至週日9:30am~7:00pm

「肉的藝術」肉鋪 The Art of Meat
45 Arbury Court, Chesterton, Cambridge, CB4 2JQ, UK
+44（0）1223 350 950
週一至週五7:00am~5:00pm，週六7:00am~3:30pm

我恨炸魚薯條

Beyond Fish & Chips _080

蟾蜍在洞（Toad in the Hole）

小・熊・的・英・國・味

一道非常傳統的英國食物，
說穿了就是將約克夏布丁與香腸結合的食物；
如果不放香腸只用麵漿做出的麵餅就是約克夏布丁。
這餅外層鬆脆，中間像泡芙般呈現大空洞。
傳統的吃法會再配上以肉汁粉煮出的肉汁及青豌豆等蔬菜共食。

材料

- 8根英式香腸
- 2個洋蔥，去皮切成大片狀
- 2個雞蛋
- 100g牛奶
- 200g麵粉
- 一小匙鹽

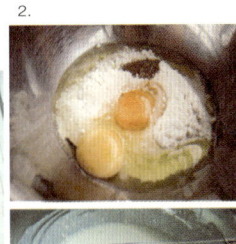

做法

1. 耐熱皿中塗刷上一大匙油脂，放上切好的洋蔥，在上面放上香腸，入烤箱以180℃烤20分鐘至表層金黃且半熟。
2. 將其餘材料一起全部調拌均勻。
3. 將1.取出，提高烤箱溫度至200℃，趁熱將2.的粉漿加入，快速放回烤箱，再烤15-20分鐘，至整體膨脹呈現金黃即可取出，趁熱食用。

Anglesey

Wales

Cardiff Bay

Cornwall   Devon

Part **2** Wales & Anglesey &
Cardiff Bay & Cornwall & Devon

英國西南：威爾斯、安格西、
卡地夫灣、康瓦耳、得文

威爾斯
獨樹一格的傳統庶民風味

英格蘭和威爾斯是英國政治和法律用語，是構成英國四個群體中的兩個。可是不同於蘇格蘭和北愛爾蘭，威爾斯採用的是英格蘭法律，因此在國際法中英格蘭和威爾斯被視為同一實體。

在大不列顛聯合王國的演化過程中，威爾斯被視為公國（Principality），威爾斯親王為其元首，而非一個被合併的國家，儘管威爾斯有異於英格蘭的種族和文化。1999年，威爾斯國民議會根據「1998年威爾斯地方政府法案」，由英國國會下放權力成立，使威爾斯開始了一定程度的自治，但在2006年威爾斯地方政府法案之後，英格蘭和威爾斯在大部分事務上都被視為一體。

威爾斯不論在歷史或地理上，都與英格蘭是分開的兩個部分，所以到現在威爾斯還有自己的語言和文字。在威爾斯，不時還會聽到威爾斯人以自己的語言互相溝通，連路標店名也都是雙語並用，讓人有一種置身化外的感覺。蘇格蘭人非常慓悍，因此被英格蘭人征服後仍竭力反抗，反而讓英格蘭人更加高壓統治，使傳統盡失。相反地，威爾斯人民族性較溫和，這樣的順服讓英格蘭王較為放心讓他們擁有更多自主權，因此威爾斯得以保留更多獨特的傳統，而這也反映在他們的飲食習慣和文化上。

威爾斯的食物與其塞爾特（Celtic）傳統有很深連結。南邊是開礦村落，住屋看起來就像石板碎片般嵌在山邊，安靜海港邊的漁村則如星星散布在綠色大地上，一群群白羊放牧在郊區山邊，河流裡鮭魚間歇閃出鱗片光澤，遠看宛如絲絨地毯般的農村，儼然就是安靜祥和的世外桃源。

左. 一群群白羊放牧在郊區山邊，河裡鮭魚間歇閃出鱗片光澤。
右. 威爾斯的鄉村。（陳育寬 攝）

　　這裡的居民多是勞工、礦工、漁夫、農婦，多從事勞力工作，所以也在食物上反映出這樣的背景。不像英國其他地區，所謂傳統的烹飪多半是從中高階級而來：有著滿滿的食物貯藏室和餐櫥櫃，是屬於貴族的鄉間大莊園的傳統。可是專屬於威爾斯的道地滋味，則是「老食物」的，嚴峻貧乏的塞爾特民族的土地不容許有太多的豐裕，卻足夠滿足生活所需，荒涼的山頂生產燕麥，成為威爾斯人的日常主食。他們把燕麥放進湯中做成燕麥粥，或放在生鑄鐵做的大烤盤上烤成燕麥餅（Oatcake）。

　　特別的是，威爾斯人一旦離開家鄉，總會很懷舊地想念家鄉的老口味，可是一般觀光客去威爾斯，卻會發現威爾斯人

威爾斯農村市場中的蔬菜。

並不是太熱中自己的飲食傳統。所謂的「老食物」滋味其實就只是家中的平凡食物，比方燉菜（Cawl）、內臟混合做成的肉餅（Faggot）、如漿糊般的燕麥粥、羊頭燉的湯，這些每日賴以維生的基本食物，代表了他們不算高的社會地位，也就不難了解何以他們不怎麼熱愛這些傳統了。

　富裕的威爾斯人並不吃這些傳統菜，他們住在較高山區的大莊園中，可以俯瞰山下的小溪與村落，比較傾向認同英格蘭，甚至否認自己是威爾斯人，比如擁有田產土地的英國國教者、政治上的保守黨人士，多半都是說非威爾斯語的族群。反而是「Gwern」這類比較富有的農民，大多是非英國國教徒的工黨或維新黨黨員，在政治上被視為維護威爾斯傳統的語言文化捍衛者。其實，這些傳統都是值得保存的，而不該當作過去的遺跡，不為其他，就只是因為它們實在很美味可口哪！

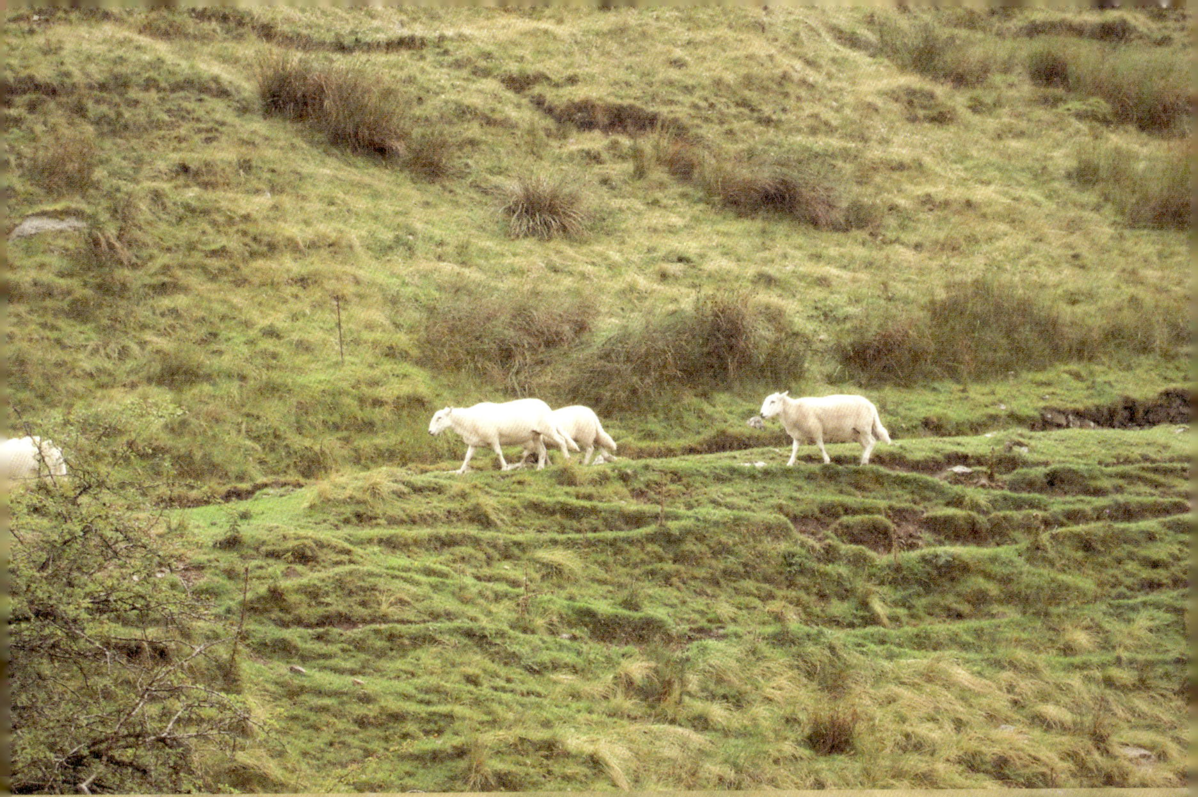
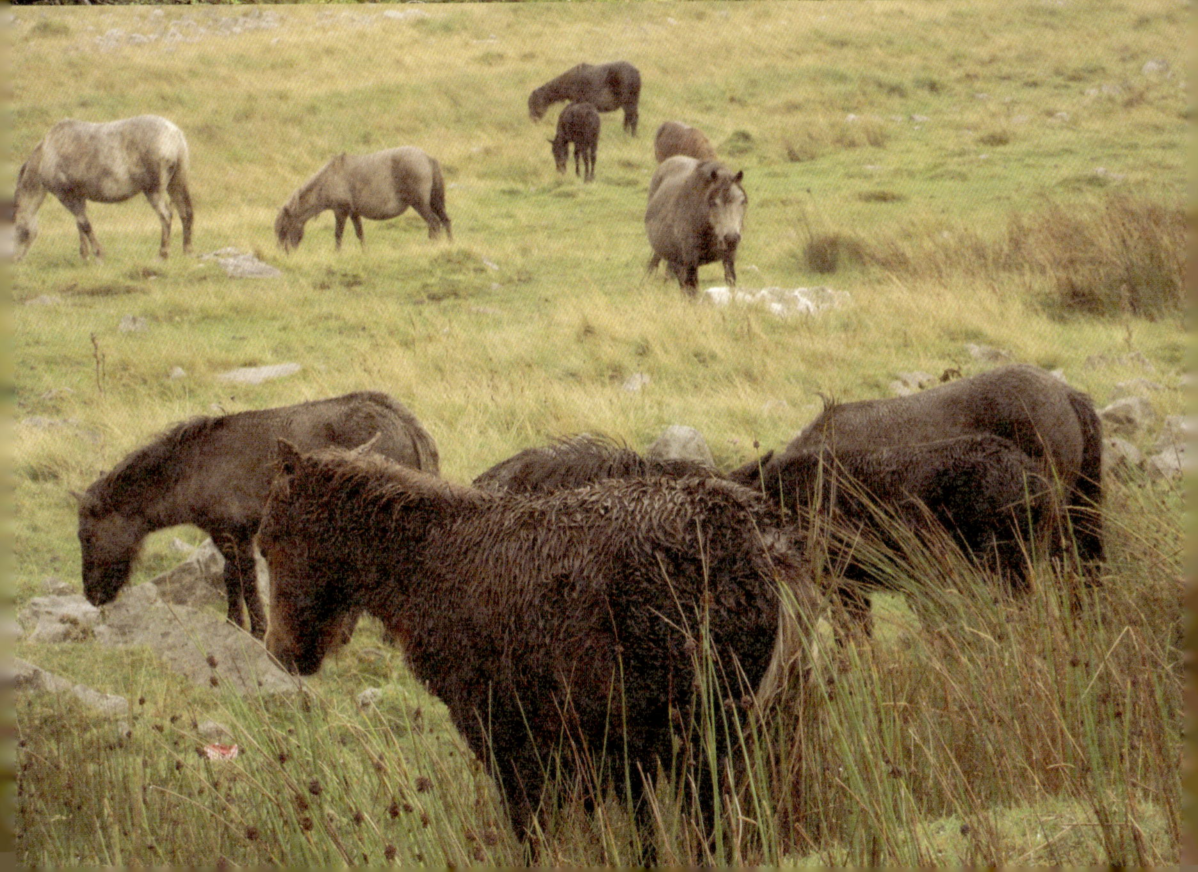

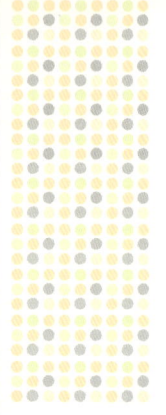

讓人流連忘返的史旺西市場

以我自己的旅遊經驗，要觀察一個地方人民的生活與飲食習慣，最快與最直接的方式，就是去逛逛他們的市場，而且是註明「Country Market」的鄉村市場。這些市場多半有當地生產的蔬菜、肉類、水果，絕對比超市看到千篇一律的制式商品來得豐富有趣，保證可以買到物美價廉的食物。英國的市場多有工會管理，掌控整個市場產品的品質，管理每個攤位的營運，所以英國的市場相當乾淨整潔，讓人光臨市場時，不但能看到當地人的生活，也別有一番趣味體驗。

史旺西（Swansea）是威爾斯南部的大城及海港，史旺西市場（Swansea Market）更是名聞遐邇，以販賣各種傳統的威爾斯食物著稱，這個市場不像倫敦的巴羅市場包羅萬象，是全英國與歐洲美食的集散地。在威爾斯的許多地方如今已被現代的餐廳與建築淹沒，要想一探威爾斯的傳統，這裡是最快也最保留原味的地方了。

史旺西市場就位於市中心的購物商場裡，物品齊全，分類也很清楚。市場的正中央是熟食區，好幾個攤位賣的是最傳統的海苔醬、海蜆，一旁是數種現做的威爾斯烤餅（Welsh Cake）和各式麵包甜點，最外圈則是肉類、蔬菜、海鮮與一些日用品，占地不大，卻讓人逛得興味盎然。以下介紹幾項令人印象深刻也食指大動的美食。

> **史旺西市場**
> Oxford Street, Castle, Swansea, SA1 3, UK
> + 44（0）1792 654 296
> http://www.swanseamarket.co.uk/
> 週一至週五8:00am~5:30pm，週六7:30am~5:30pm

1. 史旺西市場的招牌。
2. 威爾斯人做菜時必用的肥培根。
3. 紫菜做的海苔醬。

●●● 飽富天然海味的海苔醬與海蜆

　　高爾半島（Gower Peninsula）位於南威爾斯，有著沙地海灘，是個觀光區，但也生產只有少部分蘇格蘭、愛爾蘭與威爾斯人才會吃的：紫菜。許多英國人很排斥這種在海邊生長的黑色海草，對吃這些黑色醬更是充滿恐懼。不像台灣和日韓等東方國家一向愛吃海苔紫菜，也知道它的營養與好處。

　　威爾斯好幾個世紀以來都是由「拾貝女」（Cockle Women）來採收紫菜。高爾半島的沙質海灘富含營養成分，便大量採收來處理作為商業用途。西邊的沙灘偶爾也能見到，大多附著在岩石上，也有的散躺在沙灘上。

　　威爾斯人還將紫菜做成一種海苔醬（Laverbread，威爾斯語為Bara Lawr），雖然叫bread，卻沒有麵包的麵粉成分在裡面，只是在處理過的海苔醬上面灑上一些細的燕麥粉。一般家庭煎培根時會將海苔醬一起加熱，吸收了油脂之後當早餐，或是與麥片一起拌好捏成小餅煎熟，同樣與香腸培根共食，就是傳統的威爾斯早餐。

　　我們一抵達史旺西市場，第一個要找的就是這種海苔醬。攤位就在市場正中央，好幾個攤位圍成一個小圓環，只賣海苔醬與海蜆。我在一個攤位前停下來，盤著麻花瓣的女人操著濃重威爾斯腔英文，親切地問我要什麼，並用一根木匙舀出一些櫃中的海苔醬讓我試吃，我立刻就掏出錢來買了一盒保麗龍盒盛裝的海苔醬和一小盒海蜆。

讓人流連忘返的〔史旺西市場〕

1. 櫥窗裡外賣的海苔醬。
2. 買來一盒海蜆品嘗。
3. 櫥窗裡的新鮮海蜆。

　　買來後我們當場就打開來吃了一湯匙，還沒有吃早餐的我們嘗著這個海苔醬，卻吃到一種非常熟悉的感覺，很像我們早餐配稀飯的日式海苔醬，只是少了點醬油味，卻滿是海的滋味和天然甘甜，我們都覺得相當鮮美，一點都沒有讓人有傳說中「惡食」的恐怖感。回家後也依照食譜做成揉進燕麥片的小餅，海苔的鹹鮮讓餅有更深的滋味，相當可口。

　　攤位上也販售一盒盒Cockles，是一種在沙岸邊的海蜆，需要大量人工在退潮時用篩網撈取。英國其他海灘也有生產，打撈這種海產頗危險，2004年就有21位中國來的非法移民，因為打撈海蜆沒有注意到漲潮，就在湖區西岸的莫坎灣（Morecambe Bay）遭海浪吞沒。

　　在威爾斯，海蜆也屬平民食物，賣時多半已煮熟去殼。威爾斯人的吃法也是和培根一起煎過之後，淋上醋和胡椒，配著海苔醬一起當早餐吃，現在也有將它放在玻璃罐中以醋醃漬保存販賣。

　　我們在這個市場也買了一小盒來嘗鮮，裡面有許多小粒蜆肉，外形看起來就像我們喝的蜆仔湯中的蜆仔，我們在海蜆淋上少許醋與胡椒後用牙籤挑起放入口中，沒想到味道平淡無奇，似乎所有海鮮該有的甘甜都在煮熟處理的過程中流失在湯中，而他們卻沒將湯汁入菜，也不知道讓海蜆先吐沙，每顆蜆中就是一小包沙，吃起來吱吱喳喳，這樣耗費人工撈捕來的食物，實在需要有更精緻的處理方式。這道令人失望的不美味海鮮，真的可惜了啊。

●●● 威爾斯小圓餅與各種麵包點心

今天，威爾斯人仍非常熱中喝午茶。但在過去，烘焙是一個禮拜才烤一次，一次會烤上許多，如全麥、大麥、裸麥、以混合麵粉做的Maslin麵包、很受喜愛的甜麵包Bara Brith，以及用黑糖和各種葡萄果乾及香料做的甜麵包「斑點」（Speckled Bread），可能是因為放入許多果乾看起來斑斑點點吧。威爾斯麵包大多放在爐中或鐵鍋中烤，其中最傳統也最出名的是Teisen Lap（濕潤蛋糕），中間是非常濕潤厚重的質感，因加入大量香料與葛縷子（一種茴香），所以味道非常強烈，Teisen Sinamon（肉桂蛋糕），Teisen Mêl（蜂蜜蛋糕），這些蛋糕現今在威爾斯還有，只是已經用普通烤爐替代，而且也不那麼常見了。

威爾斯人也很喜歡各種煎烤的鬆餅Crempog，跟我們一般吃的鬆餅很類似，餅間夾著大量威爾斯鹹奶油，切開時奶油流淌出來。另一種叫做Bara Pyglyd的圓麵包，裡面有著像海綿般的洞，足以吸付大量奶油。

史旺西市場賣海苔醬與海蜆攤位旁，有個胖太太用兩個大鐵盤，一邊烤薄煎餅，另個烤小圓餅，這個小圓餅就是 Welsh Cake。在威爾斯，這種生鐵鑄的鐵板是非常傳統的烹調工具，有方有圓，許多甜點都在上面完成，像是司康餅、蛋糕麵包、燕麥餅等，甚至鵝果、大黃做的水果塔、蘋果酥等。

我們向這位太太買了一個薄煎餅和威爾斯小圓餅,她還問你要不要加糖,如果你點頭,她便會在你的餅上灑上一匙砂糖。煎餅的蛋香味濃,趁熱吃挺可口。而小圓餅則像扁薄的司康餅,皮稍微有些脆度,中間夾有水果乾,剛烤出來的餅皮有著濃厚麵粉與奶油香氣,確實是英國其他地方沒有的特色點心。濕冷的天氣,配上一壺溫暖的英國茶加奶,便可了解威爾斯人為什麼這麼眷戀他們的午茶時光了。

●●● 卡菲利乳酪與乳製品

威爾斯的畜牧業也很發達,乳製品相當多,較特別的是奶油鹹味很重。或許是因為人民多從事粗重工作,所以將口味調得重些,是很多離家的威爾斯人常想念的味道。然而我在市場看到標籤說明只含2%的鹽,其實跟一般奶油差不多,或許是因應現代口味調整過的關係。

在威爾斯的其他市場也看到許許多多不同口味的乳酪,如藍紋乳酪和加了蕁麻等奇異口味的,不勝枚舉。我試吃過幾種,煙燻口味一般都不錯,也有不少特別好吃的,不過有些當地自製乳酪不知是不是手工自製和發酵技巧的關係,有些帶著少許苦味,我不是特別喜愛。

| 1. | 3. | 4. |
| 2. | | |

1. 威爾斯的鹹奶油。
2. 卡菲利乳酪。
3.4. 威爾斯當地產的各種乳酪。

Beyond Fish & Chips _092

風味醇美的鹽沼羊肉。

　　威爾斯有些貧瘠山地就只適合放牧山羊或綿羊，這些羊的奶就常被用來做山羊乳酪，味道較腥重，常是柔軟的乳脂狀，很多威爾斯的乳酪攤位都可見到，不過產量不多，多半是當地人自己食用而已。

　　此外其中有一種卡菲利（Caerphilly）乳酪最為眾人所知，這是一種味道溫和的淡黃色乳酪，有著鮮奶的甜味。這種乳酪就產在較為肥美的土地上，口味較容易被一般人接受。我在市場買了一塊，回家後配著麵包與威爾斯的燉羊肉菜湯共食，相當美味，乳酪的濃香鹹鮮，更增添了燉湯的甜美。

●●● 美味鹽沼羊肉

　　英國多是丘陵地形，剛來英國的朋友觀察力強些的，會注意到：「好奇怪？英國的山區居然沒有一顆樹？為什麼全是草地？」

　　其實這與英國的政策有關，羊是經濟來源之一，需要非常大的空間生存，啃吃新生出來的植物嫩草。大量養殖羊的結果，便是當地人不種樹，因為即使種了，也很快被羊吃掉而無法存活，因此英國郊區幾乎是一整片綠毯子，形成一幅相當特殊的景觀。

　　群山遍野中，到處都是威爾斯的「特產」──星星點點的羊群。威爾斯人喜歡叫這些羊為Sweet Mountain Lamb，因為羊隻雖小，味道卻非常醇美，風味十足。然而威爾斯羊並不稀奇，其中有一種很特別的羊才是羊肉中的珍饈，那就是鹽沼羊（Salt Marsh Lamb）。

　　我們常講究吃那些可以自由放養跑跳的土雞、野鴨，因為活動可使這些動物肉質變得更好，也因為牠們吃自然捕食來的食物，會比餵食人工飼料來得更健康。

在威爾斯山區，處處可見這種放牧在山巔溪邊的羊隻。

而這些放牧在潮進潮退海岸邊的「鹽沼羊」，肉質口味就更不用說了。因為這些羊呼吸的是海邊的鹹濕空氣，羊群中的領導羊隻，常因為潮漲潮退而帶著羊群到較高的沙地上，因此這些羊也比其他種類的羊警覺性高，加上固定運動也讓牠們身形健壯。

除此之外，還有什麼原因讓鹽沼羊嘗起來這麼好吃呢？那就是海牧草的功勞了，羊吃了海牧草而讓肉質產生特殊風味。但是這些海草雖然生在海邊，本身並不鹹，如一種叫做Spartina的海草，具有獨特的腺體可以排出鹽分，得以忍受生長在這樣的環境。此外，海邊還有大量鹽沼澤草、生長於海岸岩縫間的海蓬子（Samphire）、海薰衣草、海石竹（Thrift）等，光是名字聽起來就像可口的綜合沙拉。再者，鹽分高的水也會大量殺死羊體內對健康有害的寄生蟲與微生物，因此可減少使用化學物品與抗生素，羊隻自然健康。養羊人常說：「鹹水能甜肉。」這句話不只適用於生長在英國澤西島海邊的馬鈴薯、沙岸邊的西瓜，對羊也是如此。我們喜歡說：「You are what you eat！」同樣的，Sheep is what sheep eats. 鹽沼羊吃的是美味菜蔬和鹹水，難怪肉質鮮美。

威爾斯鹽沼羊肉的特質好像反映出威爾斯人在艱苦環境的生活，雖然比較小隻，卻比其他羊肉更有味道。法國人一向對自己的美食文化和食材精良感到自豪，對英國食物不屑一顧，但是這道羊肉在英國電視名廚史坦（Rick Stein）於法國前總統席哈克任內生日時端出並得到讚賞後，鹽沼羊居然大受挑剔的法國人歡迎。現在這種羊肉也輸出到法國，一反一向都是法國美食輸出的常態。

　　鹽沼羊只有在每年7月到9月才產，並不是這麼容易買到。我們去威爾斯玩時，剛好碰到產季，在史旺西市場看到有肉攤販售，便很開心地買了一塊羊肩的連骨肉。價錢比一般羊肉貴些，但我想這樣的羊肉值得這個價錢。

　　我通常喜歡買連骨肉，因肉中連筋帶骨，只要烹調合宜，這種骨邊肉會比里肌或腿肉更有味道。英國人做肉類食物並不喜歡將肉醃漬過，覺得會蓋過肉的原味，所以通常只在煮之前才灑上少許調味去煎或烤。這塊羊肉比一般羊肉肩膀小一點，顏色是稍深的暗紅色。我加上幾顆蒜頭、迷迭香和幾隻醃漬在橄欖油中的鹹鯷魚提味增香，再加少許鹽與胡椒、一些紅酒，一起浸了一個鐘頭後，放入烤箱以150℃微火烤四個鐘頭，並放在烤箱中過夜，讓肉隨爐火而降溫，吃之前再加熱取出。這樣的低溫輕火慢烤，肉質變得相當柔嫩，入口即化。這種羊肉最讓人驚訝的地方是在烤的時候就散發一股芳香，聞起來吃起來不帶一絲腥騷味，比一般羊肉瘦很多，卻仍保有剛好的油脂濕潤肉質，表面有薄薄一層油皮層，烤過後變得稍微酥脆，非常可口。鹽沼羊比普通羊肉更柔軟，味道能在口中停留蔓延更久，配上放在烤箱一起烤熟的馬鈴薯，佐以新鮮的青豌豆與薄荷醬，真是太美味了！

　　很多東方人因為怕腥羶味而不太敢吃羊肉，然而這個威爾斯鹽沼羊，我認為是光臨威爾斯的必嘗必買物，千萬別錯過！

烤鹽沼羊肩肉兩式

小·熊·的·英·國·味

羊肩肉因其油花分布均勻，適合以烤大塊牛排的方式烹煮，
以七分熟的形態呈現，最能吃到肉類本身的甘美。
英國人較喜愛肉類以慢烤方式烤成，如此肉類整個甜味濃縮，
入口即化，兩種吃法都各有特色。
而裡面帶生的烤法要使用去骨的羊肉綑成肉塊來烹調為佳，
因為如果裡面帶骨，骨與肉接觸的地方沒有烤熟，會難以入口；
而慢烤的方式則要帶骨，因骨頭本身會釋放更多滋味，使烤肉味道層次更豐富。
英國人不喜歡在烤之前將肉醃過，覺得這樣會破壞原味，
但我自己比較喜歡醃過的肉，因為香料與鹹味滲透，可以去腥，滋味也更佳。

材料

- 帶骨的羊肩肉一大塊
- 蒜瓣20粒
- 迷迭香數枝
- 鹽與胡椒各一大把
- 1杯紅酒或蘋果酒
- 3顆切大塊的洋蔥
- 油漬鯷魚10小條（可省略）

1.

做法一

1. 將羊肉以刀尖刺穿數個深孔，在切開的孔中插入剝成小枝的迷迭香與蒜瓣。
2. 放入預熱好180℃的烤箱，烤約1個小時，至表面金黃即可。
3. 取出後讓肉休息約15分鐘讓肉汁固定。
4. 切片食用，佐以肉汁與馬鈴薯等。

我恨炸魚薯條

Beyond Fish & Chips _096

做法二

1. 將以上材料整個混合均勻,入冰箱醃兩個鐘頭或是隔夜。
2. 取出後放入耐熱皿,底下墊切塊的洋蔥,放入預熱好200℃的烤箱烤20分鐘後至表面成金黃。
3. 再將烤箱調成160℃,以弱火烤3-4小時,至肉能輕易剝離軟透即可。
4. 將肉取出,旁邊以青花菜等裝飾即可。

1.

北威爾斯小島安格西
四星 B&B 與海鮮餐廳

在威爾斯南邊礦區開採、北邊海港發展之前，威爾斯一直都是農耕發達的地區，到處都有大大小小的農場。後來沿海發展漁業，漁產便成為威爾斯的重要資源，捕獲的魚也依照傳統，跟著培根一起煎煮，或拿來烤、用鹽醃漬或煙燻等。沿岸地區也有海產，像前面提過平民吃的海蜆，生蠔在過去並不稀奇，現在變成珍饈後比以前貴上許多，還有鮭魚和鱒魚。然而威爾斯的海鮮近來因為過度捕捉而產量減少，政府已立法保護魚資源，因此即使威爾斯幾乎被海包圍，卻不如以往有大量海產。

因著優美的海岸景觀，威爾斯沿岸與山坡間開設許多B&B（Bed and Breakfirst，提供住宿與早餐的民宿），加上附近有些不錯的海鮮餐廳，提供了以當地海鮮與特色食材做的餐點，遂吸引許多英國人來此度週末、騎馬釣魚或爬山健行露營。

在英國到處都有的B&B是來英國旅遊的特色之一，與一般連鎖旅館不同，B&B除了提供旅人棲身之所，還加上一頓豐盛早餐。B&B常常開在風景優美的鄉村地區，大城市或繁忙的市中心反而不多，這是因為經營B&B的多是退休夫妻，他們希望可以住在漂亮地區而買下大房子，並經營B&B生意來維持開銷。所以英國有很多B&B極有屋主的個人風格，不但房子的擺設與品味因屋主的喜好而異，房間乾淨整齊，窗外視野絕佳，住起來很舒適。

　　威爾斯就有很多宜人的B&B，當然是因為這裡的好山好水，別說陶情養性，光是這裡的青山綠草、乾淨山澗的清新空氣就讓人身心舒暢了。而位於北威爾斯的小島安格西（Anglesey），堪稱是與世隔絕的好地方，距離英格蘭中部不遠，也有高速公路直達，交通相當方便，雖說是小島，但與威爾斯隔了一條大河道，只要經過一座橋便可抵達。這條河道與橋皆很壯觀，在橋上俯瞰河岸，岸邊的房子與海景看起來就像幅獨特的英國風情畫。

左. 在橋上俯瞰河岸，沿岸景致看起來就像幅詩意的英國風情畫。
右. 威爾斯清新的鄉村風景。

1. 旅館四周有高大挺拔的百年老橡樹環繞。
2. B&B後有座農場，養了幾匹馬，廣大的草原上還放牧著羊隻。

　　我們那次選住的地方，是一家得過2008、2009年安格西最佳B&B銀牌獎的四星B&B。也許是地點較偏遠的關係，這家B&B的雙人住宿費大約70英鎊，算是不貴的。這家B&B的威爾斯語叫Deri Isaf，即英文的Lower Oaks，因為這裡原本是一片橡樹林，1850年代時由一位上層階級的貴婦所建。它的地點非常好，有高大挺拔的百年老橡樹環繞，可預防強風吹垮房子，旁邊就是壯闊的波達丰山（Bodafon），還能飽覽杜拉斯灣（Dulas Bay）的海岸美景。窗外望去就是巨大的橡樹，倒塌的樹木上生出深色青苔，在早晨陽光照射下形成十分迷人的綠。

　　這幢屋子比一般平房高大許多，有著中古時期的貴氣。房子主人大衛是蘇格蘭人，在屋外的樹上吊掛了個大鞦韆，在此盪起鞦韆感覺就像長了翅膀般逍遙。B&B後面有座農場，養了幾匹馬，廣大的草原上還放牧著羊，這些羊非常害羞，人一靠近就躲得老遠。在這裡的原野閒晃，享受明媚的秋日陽光，真真覺得人生如此，夫復何求。

安格西島相當荒僻，B&B附近也沒有熱鬧的市區可找到適合用晚餐的地方，旅館女主人建議我們一家海鮮餐廳「龍蝦鍋」（Lobster Pot），店如其名，供應的菜式就是以龍蝦等海鮮為主。餐廳位於教堂灣（Church Bay），景色優美，我們在快要日落時才出發去找這家餐廳，地點偏僻難尋，還好當地人非常友善，指引我們方向才找到。抵達時已將近九點，門口車子仍絡繹不絕，幾乎找不到位子停車，彷彿這裡深山中的人都聚集於此，也由此可見餐廳確實非常受歡迎。

　　「龍蝦鍋」從1946年開始營業，以供應當地海鮮出名。儘管威爾斯漁產減少，這家餐廳仍有辦法提供四周海岸來的龍蝦、螃蟹、梅奈海峽（Menai Straits）撈捕來的生蠔、淡菜、干貝和鮮蝦；蛾螺也是在低潮時撿來的新鮮貝類。餐廳也供應威爾斯黑毛牛、羊肉與雞肉等威爾斯當地特產的肉類。

　　餐廳裝潢充滿古意，凹凸不齊的牆壁顯露這幢木造房子的年齡。燭光搖曳中，餐廳的氣氛讓人有種回到50年代的錯覺。

　　晚餐我們點了一道乳酪焗烤的生蠔前菜，生蠔非常新鮮，配上融化的乳酪十分鮮美。主菜是威爾斯黑毛牛丁骨牛排，肉質柔軟並有豐富肉汁，肉的香味純正深濃，另外一道鱸魚也是鮮嫩肥美。這幾道菜式的擺盤雖然質樸，卻更凸顯食材的精良細緻。

3～5. 這就是我們的晚餐；乳酪焗烤的生蠔前菜、威爾斯黑毛牛丁骨牛排，另一道鱸魚也是鮮嫩肥美。
6. 龍蝦鍋餐廳古意的內部裝潢。

1.
2.
3.

1. B&B的招牌早餐：茄汁豆、煎番茄與蘑菇、血腸布丁、一顆煎得半熟的農場有雞蛋、肉質彈性佳的香腸。
2. 早餐非常豐盛，我們先吃去了皮與白膜的新鮮葡萄柚與優格。
3. 熱情的女主人葛雯，張開雙臂歡迎我們。

　　隔天早上的典型威爾斯早餐才是重點，因為這家B&B標榜早餐使用的是民宿附設、頗負盛名的煙燻屋Derimon所燻製出來的產品。

　　英國各地有不少煙燻屋，煙燻食品中，煙燻鮭魚、鯖魚、鯡魚是最常見的。Derimon的特色是用當地橡樹作為煙燻的燻燒料，香味非常獨特，甚至美國總統歐巴馬的專屬巧克力製作師都曾光顧這裡尋找食材，並以這裡特有的煙燻安格西海鹽為巧克力外層調味，贏得歐巴馬的讚許，據說是歐巴馬總統最愛的巧克力口味呢。此外，這家小小的煙燻屋也得過不少獎項，如煙燻培根、威爾斯煙燻切達乳酪、威爾斯橡木燻製的Halen Mon海鹽等都受到好評。

　　那天的早餐非常豐盛，我們先吃去了皮與白膜的新鮮葡萄柚與優格，讓腸胃開始活動起來，之後女主人葛雯親切端上招牌早餐，並以威爾斯人特有的溫和語氣要我們享受她精心準備的食物。

　　滿滿的餐盤上，整齊地排上英式早餐一定會有的茄汁豆、煎番茄與蘑菇、血腸布丁、一顆煎得半熟的農場有雞蛋、肉質彈性佳的香腸，特別讓人印象深刻的是培根，相當精瘦的肉質，卻不過鹹，帶著些許煙燻香味，更提升肉類本身的香甜滋味，配上煎香的土司麵包，吃完整個人像是加飽油的汽車，可以馬力十足到處跑一整天了！

離開時我們購買了一整條煙燻鱸魚和一些培根，葛雯細心地提供保溫箱和冰塊，讓食物在低溫下保存直到我們返家。

　　這趟安格西島之旅，像是親眼看到、嘗到、聞到威爾斯的真正滋味，寧靜美好的山區風景、高大的橡樹群、美麗的海岸、羞澀的羊隻、友善的馬兒、質樸美味的食物、親切友善的威爾斯人，都讓我們對威爾斯有了深刻的體驗，是真正英國鄉村的風味。

Deri Isaf民宿 ｝
Ynys Mon, Dulas, LL70 9DX, UK
＋44（0）1248 410 536

Lobster Pot餐廳 ｝
Church Bay, Anglesey, North Wales, LL65 4EU, UK
＋44（0）1407 730 241
http://www.lobster-pot.net/
2月至11月週二至週六午餐12:00pm~1:30pm，晚餐6:00pm起

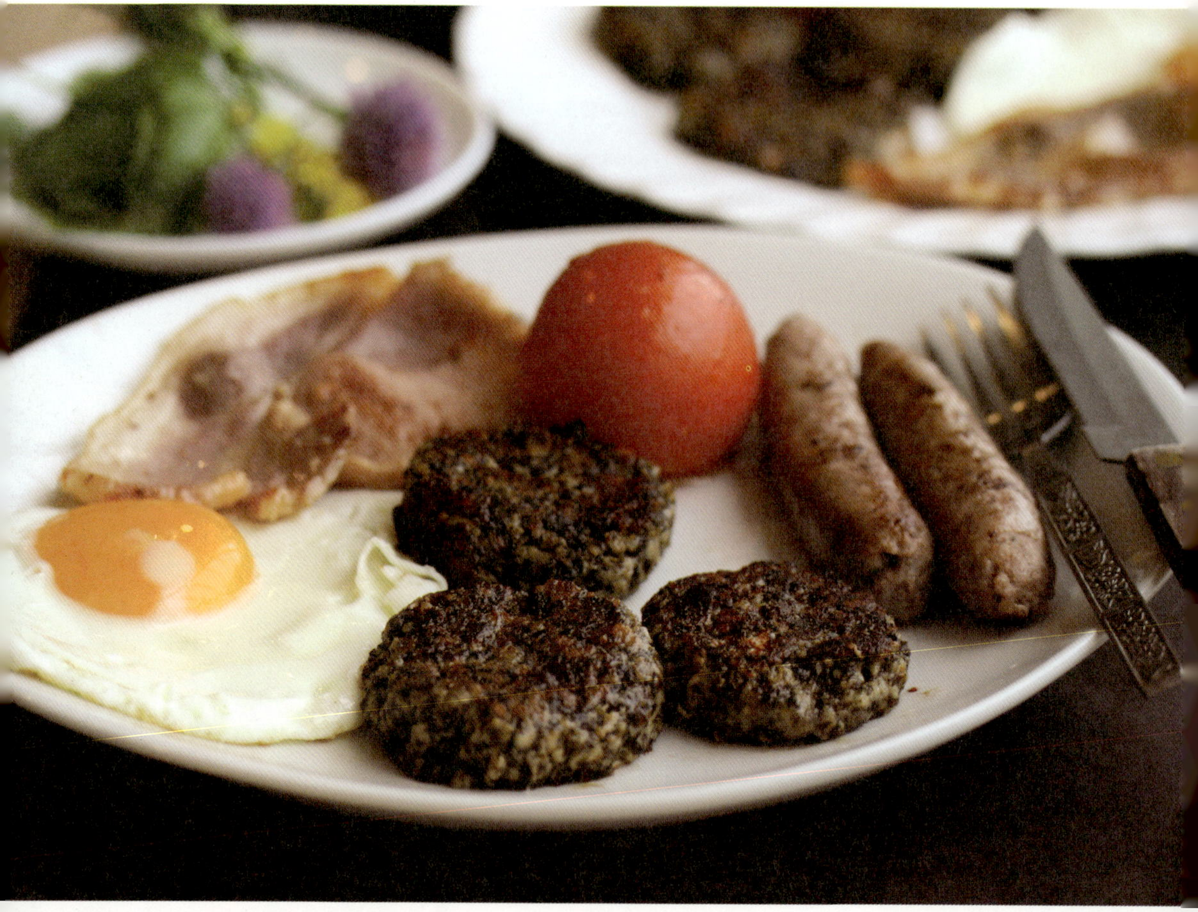

海苔麥片煎餅
與威爾斯傳統早餐

小·熊·的·英·國·味

威爾斯的傳統民家早餐就是以培根肥油煎出的海苔麥片煎餅，配上沾醋吃的海蜆，
但一般旅館不可能提供這樣的早餐，怕觀光客吃不慣。
所以這道食譜算是結合英式與威爾斯的早餐，
營養豐富，吃了一整天都充滿體力！
一般還會附上罐頭茄汁豆（Baked Bean），如果沒有可省。

材料〔兩人份〕

- 1杯原味的即食麥粉
- 1/2杯海苔醬
- 4片培根
- 2個雞蛋
- 4根英國香腸
- 2個番茄切半

1.

2.

3.

做法

1. 先將麥粉與海苔醬混合，靜置30分鐘，使麥粉能充分吸收海苔中的水分而膨脹。
2. 將海苔麥片做成小圓餅塊狀。
3. 平底鍋熱油，放入培根煎出油份，放進麥片海苔餅煎至兩面金黃。
4. 利用鍋中的餘油，繼續煎香腸、雞蛋與番茄（切面朝下）至兩者皆熟。
5. 將所有料一起放至盤中即可上桌。

〔北威爾斯小島安格西〕四星B&B與海鮮餐廳

卡地夫灣
義大利餐廳的威爾斯菜

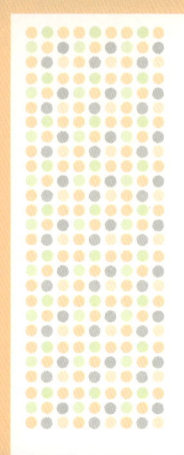

　　英國近來有不少烹飪節目越來越受歡迎，像眾所皆知的傑米‧奧利佛和性感家事女神奈潔拉‧羅森（Nigella Lawson）的節目，還有在「倫敦」部分介紹過的「肥鴨」三星名廚布魯門索，也有一系列「尋找完美」節目，介紹他以科學方法研究出來的各種獨特烹飪技巧。之後在「康瓦耳」部分則要介紹名廚瑞克‧史坦，他的節目包括了生活、美食，並結合了知性旅遊。英國人製作電視節目的態度嚴謹，這些節目都大有可看性，讓人了解英國現在的飲食趨向以及星級廚師的各種技巧、特色等等。

　　2006年有個節目「大英佳餚」（Great British Menu），一開始是為了女王80歲壽宴要找出英國最好的菜色，因而舉辦比賽以選出最優秀的廚師，後來每年都舉行不同名目的競賽。2009年的比賽主題是「Taste of Home」，旨在發揮英國各地傳統菜的特色，並將之精緻化。而贏得前菜冠軍的，是位威爾斯廚師索姆林（James Sommerin），他的前菜是水波雞肉與青豆義大利湯餃，飾以乳酪乳霜；主菜則是：煙燻鰻魚、油封豬腳、兔肉里肌佐野菇卡士達；甜點是煙燻奶油瓜、夏日莓果布丁。

　　其中那道青豆義大利湯餃，因味道絕美獲得評審極大讚賞，卻也引起諸多爭議，有位評審強烈質疑Ravioli（義大利方形餃）是義大利傳統菜，而非威爾斯食物。然而，殊不知位處英國西南邊的威爾斯，確實與義大利有很大關聯，像義大利的帕馬火腿，據說就是羅馬人將威爾斯某地的傳統火腿帶回義大利演變而成。

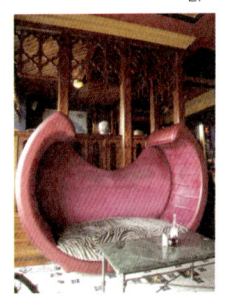

1. 義大利應餐廳門口的噴水獅頭裝飾。
2. 美人魚碼頭的一家Pub。

　　義大利裔威爾斯人主要在19世紀工業革命時期從義大利南部遷徙而來，希望移民英國過更好的生活。到了20世紀，有更多義大利天主教徒來到威爾斯，大多聚居在高爾（Gower）和史旺西，以及威爾斯南部的小鄉村，開了不少義大利小餐館，當時還引起一些威爾斯非英國教派的新教徒抗議，因為這些小餐館竟然在禮拜天早上的安息日也營業不休息。

　　近來更有一些基因血統專家研究出讓人覺得非常有趣的結果。到目前為止，大概有15萬義大利裔移民居住在威爾斯，然而從遺傳學上的研究來看，一些中古石器時代的威爾斯人其實非常接近地中海人的血統，近似北西班牙的巴斯克人。這結果說明了羅馬人應該在史前就定居在威爾斯，可能是北西班牙的遊牧民族穿越法國，經過康瓦耳，定居在南威爾斯的小村落，之後繁衍後代而成為現在的威爾斯人。

　　難怪我常覺得威爾斯人與其他地區的英國人在長相體態和個性上是有些許差異，真的是遺傳血統的關係嗎？

　　南威爾斯有個義大利裔人卡斯卡里尼（Luigi Cascarini）做出大受歡迎的「喬的冰淇淋」（Joe's Ice Cream），也有不少運動明星是義大利血統的威爾斯人，還有母親是義大利人的女廚師哈奈特（Angela Hartnett）也相當著名。

　　卡地夫灣（Cardiff Bay）是威爾斯另個很值得去遊玩的地方。卡地夫與史旺西是威爾斯的兩大城市，卡地夫的風情與英國其他都市很類似，跟威爾斯的鄉村風味則截然不同。卡地夫灣近十年來才從過去運送煤礦的集散海港，轉變成觀光勝地，特別是威爾斯千禧年中心，現代化的拱型

屋頂讓整座建築呈現如鱗片般的光澤，精巧的設計很值得一看。新蓋的美人魚碼頭（Mermaid Quay）則是許多餐廳和Pub的聚集處，從義大利菜到土耳其菜都有，吸引很多觀光客和打扮入時的年輕人來此消費。

威爾斯雖是鄉村為主的地區，但這裡只栽種兩種蔬菜：韭蔥（leek）和包心菜。韭蔥是種外型很像大蒜的洋蔥科植物，每一根都像女生手腕一樣粗細，味道比較接近蔥而非大蒜，烹煮之後轉甜，與洋蔥的香味近似。由於威爾斯只產這兩種菜，所以著名的傳統威爾斯燉菜（Cawl）就是以韭蔥和包心菜為基底煮成，是很一般的家常菜，過去放在鐵鍋中用壁爐烹煮，現在則用一般鍋具慢火燉煮。

然而這道大鍋菜在威爾斯可別有一番風味，因為是集威爾斯土地生長出的精華之大成：如自家醃製的肥培根肉和威爾斯的甜羊肉來豐富湯的深度，加上包心菜與橘色甜蕪菁（swede）、彈珠大小的新出土馬鈴薯，燉煮好後撒上切得很細的韭蔥薄片，而韭蔥帶有脆度和辣味，有點像我們在牛肉麵上撒蔥花的道理一樣。不過威爾斯燉菜就是一道大鍋菜，家中有什麼肉類蔬菜都往鍋子裡丟，沒有絕對的食譜和配方，每個地區和村落都有各自的做法。上桌時可以是湯和料一起吃，也有人先端出湯，再上蔬菜和肉類，吃的時候一定要配上威爾斯的卡菲利乳酪和一大塊「乾」掉麵包，好用麵包來吸取美味湯汁。

1. 美人魚碼頭，很多觀光客和打扮入時的年輕人來此消費。
2. 美人魚碼頭是許多餐廳和Pub聚集處，吸引很多觀光客。
3. 海蜆小塔，小塔端來已經缺了一角。
4. 燉菜盛在漂亮的法式洋蔥湯碗中，搭配麵包與乳酪一起上桌。
5. 威爾斯千禧年中心，現代化的拱型屋頂讓整座建築呈現如鱗片般的光澤，精巧的設計很值得一看。

我們跑遍整個威爾斯卻找不著這道燉菜。據當地人說這只是一般家庭傳統食物，餐廳並不會供應這道菜。可是，我們竟然在美人魚碼頭一家義大利餐廳的菜單上，看到他們供應這道燉菜當前菜，喜出望外之餘，當場就坐下只為了一嘗這找了許久的傳統家常菜！

燉菜放在漂亮的法式洋蔥湯碗中，搭配麵包與乳酪一起上了桌。燉菜裡是切得方整的胡蘿蔔等根莖蔬菜以及小塊肉丁，湯很清，味道偏鹹但濃香，一吃卻隱約有股鐵鏽味，加上燉得幾乎散開的肉，讓我聯想起超市賣的湯罐頭，味道不能說太差，卻不免懷疑是餐廳自己做的。海蜆小塔也讓人失望，小塔端來已經缺了一角，而且只是海蜆上加了少許海苔醬和培根後再加乳酪烤化而已，海蜆依然充滿沙粒，視覺味覺都不享受。

這家義大利餐廳擠滿客人，一位難求。或許我們不該在義大利餐廳點威爾斯創意菜，這次飲食經驗，就算是外地觀光客闖進威爾斯迷陣中的一次失誤吧！

下次再來到威爾斯，我想最好就是買當地食材，自己回家參照威爾斯的傳統食譜，慢火燉煮一鍋旅行的回憶。畢竟，威爾斯是充滿家庭感覺的鄉村地區，觀光客那顆跳躍躁動的心是不適合出現在這個有著害羞綿羊的小山丘的。

The Crown（索姆林的米其林一星餐廳）
Whitebrook, nr Monmouth, Hereford, NP25 4TX, UK
電話：+44（0）1600 860 254
www.crownatwhitebrook.co.uk/
週一至週日12:00pm~2:00pm，
週一至週日7:00pm~9:00pm（週六至9:30pm）

威爾斯傳統蔬菜燉肉湯

小·熊·的·英·國·味

這道湯以威爾斯當地最易取得的各種蔬菜燉煮而成，
如果不用當地的韭蔥、小顆馬鈴薯、甜蘿蔔燉，口味上會有些差別。
不過以台灣自產的各種根莖類蔬菜，
如：蘿蔔、胡蘿蔔、蕪菁、大頭菜、甜菜，
加上排骨或牛肉一起燉煮，味道應該也不錯；
而韭蔥部分可以宜蘭蔥切細代替，應該也會有不錯的效果。
這道菜非常隨意，可自行調整，但最重要的就是要有培根、洋蔥、馬鈴薯與各種蔬菜，
燉出的湯才清甜。

材料

- 兩個洋蔥切塊
- 1大塊培根肉切丁
- 各種根莖類蔬菜（我用了瑞典蕪菁、防風草根Parsnip、胡蘿蔔與馬鈴薯）去皮切成大塊狀（請依自己家中鍋子大小做調整）。
- 各種肉類，如羊排骨、牛腱、牛腩、豬排骨等（請勿用雞肉）。
- 1枝韭蔥切細片
- 1把百里香
- 適量鹽與整顆黑胡椒粒

做法

1. 鍋中放油，將培根與洋蔥一起煎出香味。
2. 再放入肉類煎黃。
3. 放入蔬菜後，加入高湯或蔬菜以及百里香、適量鹽與整顆黑胡椒粒，蓋上鍋蓋煮滾後轉小火再燉煮兩小時至所有材料都軟透。
4. 食用前盛出至碗中，灑上生的切細韭蔥片，配上麵包與威爾斯卡菲利乳酪一起食用。

我恨炸魚薯條

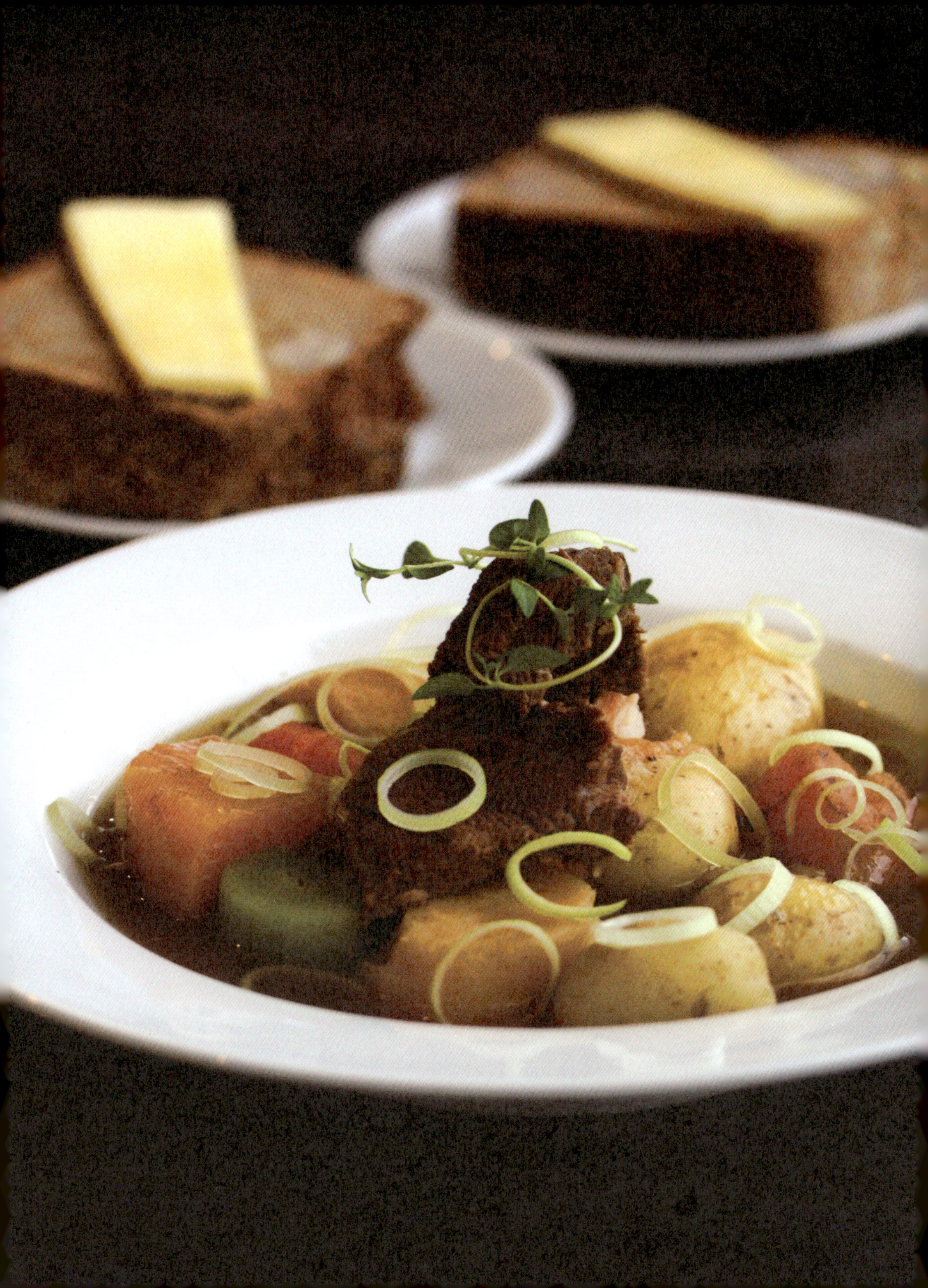

康瓦耳
讓小鎮房價增值的電視名廚瑞克・史坦

　　康瓦耳位於英國最西南隅，距離英格蘭相當遠，與相鄰的得文（Devon）之間隔著泰馬河（Tamar），楚洛（Truro）和波明（Bodmin）是兩大城市。

　　這裡的氣候溫和濕潤，是許多食物的發源地，羊隻不多，卻有不少雞與鴨，康瓦耳雞肉派（Cornish Caudle Chicken Pie）即是頗有名的傳統菜，加了許多鮮奶油在其中，非常香濃。還有最有名的應該就是康瓦耳肉派（Cornish Pasty），由於半月形狀便於攜帶，堪稱礦工與農夫的「便當」；現在世界各地都有不同的形式與做法，但這裡的康瓦耳派可是註冊過專利的，只有當地製作的才可叫做康瓦耳肉派，而且得用實心的派皮而非千層式的酥皮，肉餡應該是牛裙或牛臀肉切小塊而非攪碎，加進洋蔥、甜菜頭與馬鈴薯，還有「不可」使用胡蘿蔔，收口處也必須恰當地做出花邊來，違反這些規定，就不能稱為康瓦耳肉派，可見這個派在康瓦耳占有多麼重要的地位。

　　雖然康瓦耳最後一座鐵礦場已在1997年關閉，但康瓦耳肉派仍流傳著一些關於避邪的傳說。以前的礦工會將手拿過的派皮兩角丟下餵食礦坑中的小精靈，一來避免吃下被鐵污染的毒素，一來也認為小精靈可以護佑他們的安全。還有做康瓦耳肉派必須符合許多標準，他們相信這麼做可以嚇阻邪靈跨越泰馬河，因為邪靈知道康瓦耳人會把任何東西都包在派裡吃掉！說來這跟中國人新年包水餃的習俗有點類似呢。

　　康瓦耳幾乎三面臨海，漁船常帶回大批品質優良的漁獲，比如鯖魚、鮟鱇魚、比目魚、海鱈等，有些送到倫敦魚市場，有的做成各類燻魚；

我恨炸魚薯條

Beyond Fish & Chips _112

1. ｜ 3.
2. ｜ 4. 5. 6.

1. 康瓦耳派的規定形狀與褶邊。
2. 瑞克‧史坦的熟食店包裝袋印花。
3. 右上角那一盅白色乳霜即是康瓦耳非常著名的食物──凝脂奶油。
4. 早餐桌上的煙燻鯖魚。
5. 史坦的炸魚店賣的炸魚薯條。
6. 小盒裝的蟹肉「Brown Meat」，即蟹膏部分，相當濃郁好吃。

特別是煙燻鯖魚，在煙燻過後形成美妙的淡咖啡色，濃厚的魚脂與淡淡的燻香味，是我認為名列前茅的英國美食。燻魚冷吃熱食皆可，甚至做成舒芙蕾，配上鵝果醬汁或與紅酒檸檬共煮食。

康瓦耳也產大量帶殼海鮮，像是蜘蛛蟹、螯蝦、龍蝦等。在販賣海鮮的攤子，常賣著已經剝殼的蟹肉和蟹黃蟹膏，買時只要告訴店家要大盒小盒，店家便會用大匙舀出你要的量。英國人比較不愛吃我們視為珍品的蟹黃蟹膏，所以可用較低的價錢買到原汁原味的蟹膏（Brown Meat），相當划算。

康瓦耳還有另個非常著名的食物──凝脂奶油（Clotted Cream），是如奶油般濃稠的乳霜，做法是以高溫加熱乳脂含量很高的鮮奶油，讓表面凝結，再刮取分離出來而製成。這種鮮奶油是英國各地喝正式下午茶（Cream Tea）不可或缺的主角，可與果醬一起抹在司康餅上吃。我說它是「主角」，是因為它的味道極香純濃郁，奶香與乳脂帶著重量與絲綢般的質感融化在口中，是來康瓦耳的必嘗之物，加上容易攜帶也很好保存，也是觀光客臨走前必帶的紀念品。這種凝乳用來做奶油醬汁或冰淇淋都可大大提升平凡食物的美味，我認為是英國十大必嘗美食之一。

BEER REGATTA WEEK
August 9th – 15th 2008

1. 康瓦耳郡中的Fishing小鎮。　2.「伊甸園計畫」裡美麗的奇花異果。
3.「伊甸園計畫」中全世界最大的花。　4.「伊甸園計畫」的全貌。
5. 康瓦耳當地以番紅花製作的麵包（Cornish Saffron Buns）。

　　這裡還有各種鮮花，提供蜜蜂製蜜的極佳溫床，蜂蜜的顏色與香氣也因蜜蜂採花粉的種類而改變。有些修道院的修士就在得文與康瓦耳的山間，擁有超過三百個製蜜培養場。他們除了用蜂蜜做蛋糕外，還用薑與香料做甜點，康瓦耳有一種以番紅花製作的麵包（Cornish Saffron Buns），呈現鮮明的黃色與香氣，是復活節很受歡迎的點心。

　　來康瓦耳有個地方不可錯過，就是全世界最大的室內溫室花園「伊甸園計畫」（Eden Project），來自英國最優秀的生物學家和植物學家在此開墾出熱帶森林、地中海植物園，以及栽種近1890種花草的花園，光是巨大的溫室屋頂就讓人歎為觀止，非常值得來此一遊。

　　此外，過去原是默默無名臨海村落的康瓦耳，近來房價卻不斷增漲，觀光客越來越多。但經濟上的成長卻引起當地居民不快，他們將「問題」歸咎給電視名廚：瑞克‧史坦（Rick Stein），認為這一切的改變都是他的錯！

　　史坦與奧利佛是不同類型的廚師，在烹飪美食節目各有其擁護者。奧利佛二十幾歲時就因充滿活力和平易近人的可愛個性而大受歡迎，史坦卻是在中年時才主持第一個電視節目。

　　史坦與一般的專業廚師很不一樣，他擁有牛津大學英國文學學位，因為厭倦城市生活而搬到康瓦耳的小鎮帕斯托（Padstow），這裡充滿他兒時的回憶。

1. 2. 3.
1. 史坦所開的熟食店外觀。
2. 史坦本人和他的新書海報。（圖片取自史坦官網）
3. 熟食店賣的烘焙點心與麵包。

我恨炸魚薯條

Beyond Fish & Chips _116

年輕時他在帕斯托開了一家迪斯可舞廳，嚮往過著不羈的夜店主人生活，然而命運似乎驅使他走向專業廚師這條路，即使他對烹飪一竅不通，卻一直有當地的漁夫農婦拿著新鮮魚獲農產品來到他店前兜售，史坦也因為這些新鮮的食材，而自我訓練出用最簡單、最能呈現海鮮原味的方式來烹飪。慢慢的，他就以這樣的料理風格而有了些名氣，直到英國電視廚師先驅弗洛伊（Keith Floyd）發掘了他，他才開始在電視上嶄露頭角，主持許多有關旅遊與生活的美食節目，尤以風格鮮明簡易的海鮮料理為其特色。

而他也總以自身的文學涵養及詼諧的主持風格，製作出表現當地特色的旅遊節目，足跡深入地中海、法國、亞洲、東南亞等地。以前他在節目中常有隻小白狗Chalky在一旁陪伴，讓人覺得親切平實又可愛，就像他的菜，簡單樸素的讓人覺得生活其實就是可以這麼簡單，這麼有味！雖然他已是專業廚師，但他表現的烹飪風格還是讓人覺得：誰都可以做菜，而且做出的菜充滿質感又美味好吃！

我很喜歡看他的節目，與人的互動對話都非常自然。若要推薦英國的美食節目名廚，史坦肯定是我個人的首選！他目前已擁有11個電視節目，出版11本書，並在帕斯托擁有四家餐廳，包括一家正式餐廳、簡單的炸魚薯條店、海鮮熟食店與咖啡館，一旁還有家紀念品店。他對康瓦耳的經濟發展影響之大，甚至有人把Padstow結合他的名字取了別名"Padstein"，就連王室也認可他的成就，在2003年授與他「大英帝國勳章」（Order of the British Empire，簡稱OBE），因為他對康瓦耳旅遊業貢獻卓著！此外，他還曾兩度為女王及前首相布萊爾的國宴掌廚，並得過不少烹飪獎項。

〔康瓦耳〕讓小鎮房價增值的電視名廚瑞克·史坦

Part2 _117

因著對史坦的喜愛，我們來到康瓦耳的重要行程，就是去造訪他的餐廳，當然更希望有幸遇見他，好當面建議他去台灣拍攝美食旅遊節目。因為他熱愛越南與泰國的夜市小吃，直覺台灣的夜市文化必定也能讓他印象深刻！

　　然而，正當我們千里迢迢從英格蘭的西北開車來到這個西南角時，居然開始颳起大風，下起傾盆大雨。海鮮餐廳（The Seafood Restaurant）對面就是海港，海水幾乎淹了上來，我們無法在這美麗小鎮多拍幾張照片，只好去他的禮品店躲雨閒逛，裡面有史坦品牌的各種商品，還有以他的小狗Chalky命名的小餅乾。而他的熟食小店有各種新鮮麵包與派，看起來都很精緻可口。

　　禮品店附近就是他的炸魚薯條店，還沒開始營業即有長條人龍排隊等候。看了一下價目表，一份炸魚薯條就要價近五百元台幣，令人咋舌。因為人潮擁擠又下著大雨，只好匆匆在他的熟食店買了麵包和非正統康瓦耳肉派帶走。

　　肉派的餡料是用燻鱈魚與韭蔥做的，皮很酥脆，燻魚與韭蔥香味的結合也很美好，麵包內裡新鮮柔軟，也很可口好吃。我想這兩個小點心還是可以品嘗到史坦在美食上的用心。雖然無緣與這位素人自學而闖出一片天的料理大師見到面，但是這整趟康瓦耳美食與美景之旅，早已彌補這小小的遺憾。

1.	2.	3.	4.
		5.	6.

1. 史坦的海鮮餐廳，門前常有許多旅客駐足拍照留念。
2. 史坦的熟食紀念品店，許多商品都以小白狗Chalky來命名。
3. 康瓦耳一座濱海的古羅馬劇場，景觀奇特迷人，至今仍有不少劇目定期演出。四面臨海，觀劇時吹著海風是相當特殊的經驗。
4. 康瓦耳的海灘風情，有許多供人休憩的休閒躺椅。
5. 康瓦耳的石礫海邊，迷人的陽光與海景，景色宜人。
6. Fishing小鎮的小舢板，不少捕魚人家仍在此居住。

The Seafood Restaurant

- Riverside, Padstow, Cornwall, PL28 8BY, UK
- ＋44（0）1841 532 700
- http://www.rickstein.com/
- 週一至週日午餐12:00pm~2:30pm，週日至週四晚餐7:00pm~10:00pm，週五至週六晚餐6:30pm~10:00pm

St Petroc's Bistro

- 4 New Street, Padstow, PL28 8EA, UK
- ＋44（0）1841 532 700
- http://www.rickstein.com/
- 週一至週日午餐12:00pm~2:30pm，週日至週四晚餐7:00pm~10:00pm，週五至週六晚餐6:30pm~10:00pm

Stein's Patisserie

- 1 Lanadwell Street, Padstow, Cornwall, PL28 8AN, UK
- ＋44（0）1841 533 901
- http://www.rickstein.com/
- 週一至週六9:00am~5:00pm，週日10:00am~4:00pm

﹛康瓦耳﹜讓小鎮房價增值的電視名廚瑞克・史坦

英式馬鈴薯海鮮派

小·熊·的·英·國·味

Fish Pie，應是許多英國人的最愛食物，結合了英國人最喜歡的馬鈴薯與魚類，
雖說是派，卻很像我們所吃的焗烤食物。
食譜中的海鮮可用鮮蝦、鱈魚、鮭魚、干貝等，
而史坦的食譜也有這道料理，他在海鮮中加入切片的白煮蛋，
所以基本上配料非常隨性，可自行運用。

材料

- 2杯各種新鮮的海鮮料
  （如鮭魚、鱈魚一片、蝦仁10個、淡菜、干貝等）
- 1/2杯濃湯粉（不需泡開，因為在加熱的過程中，
  海鮮出水與湯粉混合即可變成濃稠的醬汁，當然也可使用自己煮的白醬）
- 4-5個大馬鈴薯煮熟後去皮，與1/2杯牛奶、70g奶油徹底打成泥，酌加鹽與胡椒調味
- 1杯乳酪絲

做法

1. 將新鮮海鮮料放入盆中，淋上少許白酒醃一下。
2. 在其上倒入1/2杯濃湯粉，徹底拌勻。
3. 將拌好的海鮮平均分至於耐熱皿或是干貝貝殼上。灑上少許蔥花（可省）。
4. 將馬鈴薯泥均勻擠上或抹上3.。
5. 在4.灑上乳酪絲。
6. 放入預熱好200℃的烤箱中烤，烤至乳酪融化並成金黃色即可。

【康瓦耳】讓小鎮房價增值的電視名廚瑞克・史坦

Part2 _121

得文
小酒館裡的大美味

得文（Devon）介於多塞（Dorset）和康瓦耳之間，是英格蘭的大郡，有悠久豐富的歷史文化，因此很多藝術家、詩人與音樂家都在這個地方得到靈感。

這裡有種飲品很有趣，叫做Scrumpy，是種農家自製的蘋果酒，由一種叫做Windfall的蘋果做成，看起來就像鮮橘色的蘋果汁，喝的時候還有一片蘋果在其中漂浮著。另一種有名的酒叫「普利茅斯琴酒」（Plymouth Gin），是傳統的皇家海軍飲料，這種酒由世界最老的酒廠從1431年開始釀製，因附近有普利茅斯（Plymouth）軍港而聞名。得文也有不少獨立小酒廠，各自都有獨特的配方釀製屬於自己口味的酒，在許多有機農場或有機食品店都買得到，品質與口味也不會讓人失望。

1.

2.

3.

1.2. 普利茅斯琴酒廠產的皇家海軍飲料：普利茅斯琴酒。
3. 德文的港灣停泊著許多船隻，景致宜人，充滿度假氣氛。
4. 以得文鮮奶油做的餅乾：Devon Flat Biscuit。

　　得文的得文郡凝脂奶油（Devonshire Cream）與康瓦耳的凝脂奶油一樣有名，除了配下午茶吃之外，也會做成當地有名的甜點如Barnstaple Fair Pears，是由當地所產的梨子做成，與法式紅酒梨類似，一樣以梨用紅酒加糖與丁香煮透，配上得文郡奶酪，並將煮好後濃厚帶香料味的紅酒糖汁與軟透的梨子一起吃，十分美味。得文與多塞及索莫塞（Somerset）一樣，產有大量莓果和蘋果，所以這三個地方都做很類似的蘋果蛋糕，與我們所知道的蘋果派不同，是以蘋果與黑糖做的蛋奶糊烤出裡面含有很多蘋果的濕潤型蛋糕，表面有一些脆層，當然，一大匙得文產的濃郁凝脂奶油是不可少的。這種以水果酸甜加上鮮奶油的吃法是這個地方甜點的特色，因其滋味平衡得相當美妙，讓人一吃再吃也不覺得膩，可說是頗有「殺傷力」的美食，因為不知不覺就吃下一盤，而且竟然一點也不覺罪惡！

　　同樣以得文鮮奶油做的甜點還有一種叫Devon Flat Biscuit的餅乾，非常容易製作，就是以鮮奶油與蛋做成的麵團，再壓成小餅乾形狀烤製而成，味道酥脆香甜，奶香味濃郁。此外，英國的麵包多以麵粉、奶油等做成，味道較一般，而得文也有以鮮奶油做成的小麵包Devonshire Splits，以鮮奶油取代一般做麵包時用的鮮奶，做出來的成品十分柔軟輕盈。至於為什麼叫Splits，Splits意指「撕開、裂縫」，可能是因為這種小麵包在吃的時候需要撕開來，加上果醬和「更多」鮮奶油，還有其他餡料一起吃的關係。

4.

The Holt的外觀。（圖片取自The Holt官網）

　　我們這趟去英國西南隅的康瓦耳、多塞與得文旅行時，並沒有像以往會安排好沿途要住宿的旅館，因為這一帶風景優美，空氣清新，到處都開設有許多B＆B，所以我們到了下午才開始找旅館，因此有更大的彈性與議價空間，可先看過房間再決定是否入住。如此隨性，好處是機動性高，想去哪裡就去哪裡；壞處是若在天色已晚仍找不到落腳處時，內心會很焦慮恐懼，得有夜宿「車床」的心理準備。

　　這樣的「碰運氣」玩法，有時會踢到鐵板。然而在得文的這個夜晚，我們卻誤打誤撞不小心掉進滿是美食的世界，開開心心地享用了一頓令人意外的美好晚餐！

　　我們在下榻的B＆B，照例詢問親切的女主人附近可有晚餐的好去處。女主人看了一下他的先生，兩人異口同聲說：「The Holt，那是一個好地方！」我繼續追問：「The Holt？那是什麼樣的地方啊？」

　　女主人回答：「那是一家很棒的酒館（Pub）！」

　　可是男主人又補充說：「It's a bloody good gastro-bar.」

　　他說：「那是一家棒透的gastro-bar！」

　　gastro-bar，應該是可以吃飯喝酒的高級小酒館吧？！可是男主人說：「bloody good！」以英國人愛喝酒的習慣來說，我猜他說的好，應該是酒好多過食物好。

　　那天為時已晚，他們所介紹的The Holt，就在B&B前面不遠的漢尼頓（Honiton）小鎮上。我們驅車前往，小酒館就在一幢小小的傾斜「破屋子」中，但我們不以為意，因為太多英國房子或Pub都以「破」聞名，很多破落建築常有豐富的歷史背景，而且這種房子其實頗有味道，感覺就像「手工」建造，當然不像工廠規格化生產的那樣工整。

我恨炸魚薯條

左. 開放的廚房可見廚師們展現精湛廚藝，料理食物。
右. 店中所賣的各種自製伏特加酒，有絕妙的焦糖、蘋果與櫻桃口味。

　　當時外面下著細雨，八月時節卻還是感覺冷。走進The Holt，昏黃的燈光和慵懶的爵士樂頓時讓人放鬆也暖和起來，屋裡的地板與牆面一片灰白，整個裝潢是非常溫柔的極簡主義。有不少人坐在高高的吧台座上喝著大杯啤酒，這裡不是充滿距離感的高級酒吧，而是平易近人卻有質感的Pub！

　　廚房是半開放式的，可欣賞廚師在裡頭忙著，就像看米其林名廚高登‧蘭姆西（Gordon Ramsay）在電視上表演，專注的動作，顯露出他們在處理食材及每道餐點的用心與認真。

　　店經理領我們上二樓，菜單的菜色不多，卻很有特色，比如前菜有：野味層凍，香料扁豆，花菜絨，青豆，佐黑莓醬汁，以及鍋煎野雁與杏桃及開心果夾餡，奶油包心菜與肥培根丁。光是看到這樣的菜色組合，就讓人想躍躍一試！

　　侍者先送來小鐵盆盛裝的切片麵包，旁邊附上一小碟奶油與薄脆的海鹽細片。前菜是生煎野鴿胸肉，底下是蔬菜與扁豆做成的小塔。菜一上桌，讓人不禁小小驚呼一陣，因為切得像一朵花倒放的生煎鴿肉，切開後呈現微微血紅色，盤邊擺飾紅莖沙拉葉和切成細珠狀的蝦夷蔥，裹著一層脆糖的榛果撒在奶黃色的醬汁上，整盤菜不論在配色與食物比例上都是視覺的一大享受！吃下一口鴿胸，只覺肉汁蹦散，那股血味竟帶著些迷人的甜味，底下的軟塔非常有味。這道鴿胸一吃就讓人驚豔食物的美味，而非只是徒具擺盤的美麗。

另一道前菜是生烤燻牛肉與酸豆，配上玉米小餅，同樣的，廚師的擺盤也具巧思，將牛肉放在玉米餅上，宛如一朵蜷著的花苞。牛肉是冷的，但配上少許鹽霜與酸豆，牛肉的鮮甜與酸豆的刺激吃來很過癮，而玉米餅煎得外脆裡嫩，非常可口。飾盤用的微量迷你沙拉，與濃稠的陳年紅酒醋，都在盤中不多不少扮演著有個性的配角！

主菜是煎鹿肉配上甘藍，佐上深厚巧克力及濃縮紅酒醬汁，以及酥炸千層馬鈴薯塊。鹿肉帶有一點野味的香氣，處理不好便呈乾澀，但這道鹿肉肥嫩細緻，配上濃縮的紅酒醬汁，而這佐料又神奇地緩緩流出因醬汁熱度而融化的巧克力細塊形成的軟汁，微微的苦甜味與絲綢般的質感，大大提升了肉質的滋味！此外我特別喜歡千層馬鈴薯，裡面一層層包裹著奶油般的馬鈴薯與奶香醬乳汁，外層極香酥脆口。

另一道是炙烤鱸魚、橄欖油馬鈴薯、虎蝦、茴香絲與烤番茄醬汁，這道菜擺盤相當完美，每根切成細絲的蔬菜都在口中化成精細的口感，橄欖油的香味與番茄烤過後做出來的醬，呈現出一種地中海風情，而鱸魚的肉質則細膩如肉脂，整道菜清爽中有著無數口感上的驚喜！

席間店經理喬馬凱（Joe McCaig）對我頻頻詢問我們所吃的菜如何做，或是某個材料的處理祕訣時，表現得親切友善又不厭其煩，甚至還與我們聊起這家小酒館的經營理念，說主廚安格斯（Angus McCaig）就是他的兄弟，對烹飪有極大熱情，曾在倫敦許多大餐廳工作過，對食物的掌握很有信心。安格斯在法國西南學習如何醃製火腿，也學到不需任何電源就可以燻製出美味佳餚，甚至知道如何將天然的冰和雪用於烹飪上而成為非常好用的小訣竅！

Beyond Fish & Chips _126

品嘗過這位主廚做的餐點，我很確信他不只有理想，還有很好的味覺！因為他的食物非常可口。喬也強調他們的食物好吃，是因為堅持使用最新鮮的當地食材，像我們吃的野鴿與鹿肉、鱸魚等，都是附近捕來的，得文這裡有山有海，難怪新鮮的食材可以源源不絕供應。此外，這家酒館還有自己釀製的伏特加酒，帶有絕妙的焦糖、蘋果與櫻桃口味，酒好也是這家酒館的特色。樓下的酒吧還定期有樂隊現場演奏，氣氛熱烈，不失為放鬆心情的好地方。

　　這家酒館或許不像米其林餐廳有著高級擺飾與裝潢、典雅的窗簾與桌巾，但食物卻有一種屬於自己看待處理美食的個性。我們2008年光顧時，他們還沒得到任何獎項。然而到了2009年，我在蒐集這家酒館的資料時，發現就在這短短一年內，他們已經獲得了「Taste of the West」獎項的最高榮譽，並得到得文地區的「Best Gastropub」金獎，評審的評語是：「極佳的服務，非常好的食物。」「完美無缺！」「不能再更好了！」後來也被許多美食指南收錄進去，如：《米其林指南》、《Alastair Sawday》、《AA指南》、《好啤酒導覽》等。

　　替他們高興的同時，也慶幸自己能在偶然的機會下一嘗美味，覺得這確實是一家在得文必去的好餐廳。想到吃有名氣的店家與品嘗腳踏實地的美食，或許有不同的趣味和心境，然而比較起來，在史坦的炸魚薯條店吃一條炸魚，以稍高一些的消費來The Holt，我個人認為應是更好的選擇吧！

1. 生煎野鴿胸肉，底下是蔬菜與扁豆做成的小塔。
2. 生烤燻牛肉與酸豆，配上玉米小餅。
3. 鴨胸肉沙拉。
4. 炙烤鱸魚，橄欖油馬鈴薯。
5. 煎鹿肉配上甘藍，佐上深厚巧克力及濃縮紅酒醬汁，以及酥炸千層馬鈴薯塊。

The Holt
178 High Street, Honiton, Devon EX14 1LA, UK
+ 44（0）1404 47707
http://www.theholt-honiton.com/

{得文}小酒館裡的大美味

蘋果酒雞腿捲

小·熊·的·英·國·味

得文產蘋果,因此有很多用蘋果做的菜與甜點。
但有一道以蘋果與雞腿燴煮的名菜Somerset Chicken,
是以蘋果及蘋果酒入菜,蘋果的清香與酸甜開胃清爽,是屬於有湯汁的燉煮菜色。
而這道蘋果酒雞腿捲則是用相同的概念,
換成以捲心菜包捲並切片的形態呈現,綠色菜葉感覺更加清新。

材料

- 4隻雞大腿,清潔過
- 1杯蘋果酒
- 20粒黑胡椒原粒
- 2片月桂葉
- 適量鹽
- 5-6片包心菜葉,一大匙美乃滋

1.
2.
3.
4.
5.

做法

1. 先將包心菜葉與美乃滋之外的材料一起放入鍋中,加入一杯高湯與一大匙鹽一起以中火煮,水滾後再煮5分鐘,蓋上鍋蓋,在鍋中悶20分鐘。
2. 取出雞腿,去皮撕成粗條狀,放回湯汁中泡一下,取出,冷後拌上一大匙美乃滋。
3. 將包心菜去除粗莖部分,在滾水中煮一分鐘,泡進冷水中,保持鮮綠。
4. 擠乾水分後攤開包心菜葉,包進雞腿條,用力捲成實心的筒狀。
5. 用保鮮膜包緊,放入冰箱約一小時使之定型。
6. 取出後切塊,盤緣淋上少許煮雞腿的湯汁即可。

我恨炸魚薯條

{得文} 小酒館裡的大美味

Scrumpy蘋果酒泡

小·熊·的·英·國·味

得文的蘋果酒呈現橘黃色，跟我們一般喝的金黃色蘋果酒不同。
我們也可以新鮮蘋果汁代替，或是蘋果濃縮糖漿，
加入適量氣泡水，就成了可口的無酒精飲料。
但若有蘋果酒，則可在飲品中加少許草莓裝點，
清新的果香與蘋果酒融合，相當適口好喝。

材料

▶ 冰塊適量
▶ 50cc蘋果酒
▶ 100cc氣泡水
▶ 糖漿少許

做法

1. 冰塊加到1/2杯。
2. 倒入蘋果酒至約1/3高度。
3. 以長匙快速攪拌13圈半。
4. 再次將冰塊補滿。
5. 加氣泡水加到約八分滿。

{得文} 小酒館裡的大美味

Part2 _131

BAR
SNACKS
TRADITIONAL ALES

YE OLDE BULLRING TAVERN

Circa 1365 LOUNGE ANSELLS PUBLIC BAR YE OLDE BULL RING TAVERN

Part **3** Lancashire &
Manchester & Lake District

英國西北：蘭開夏、曼徹斯特、湖區

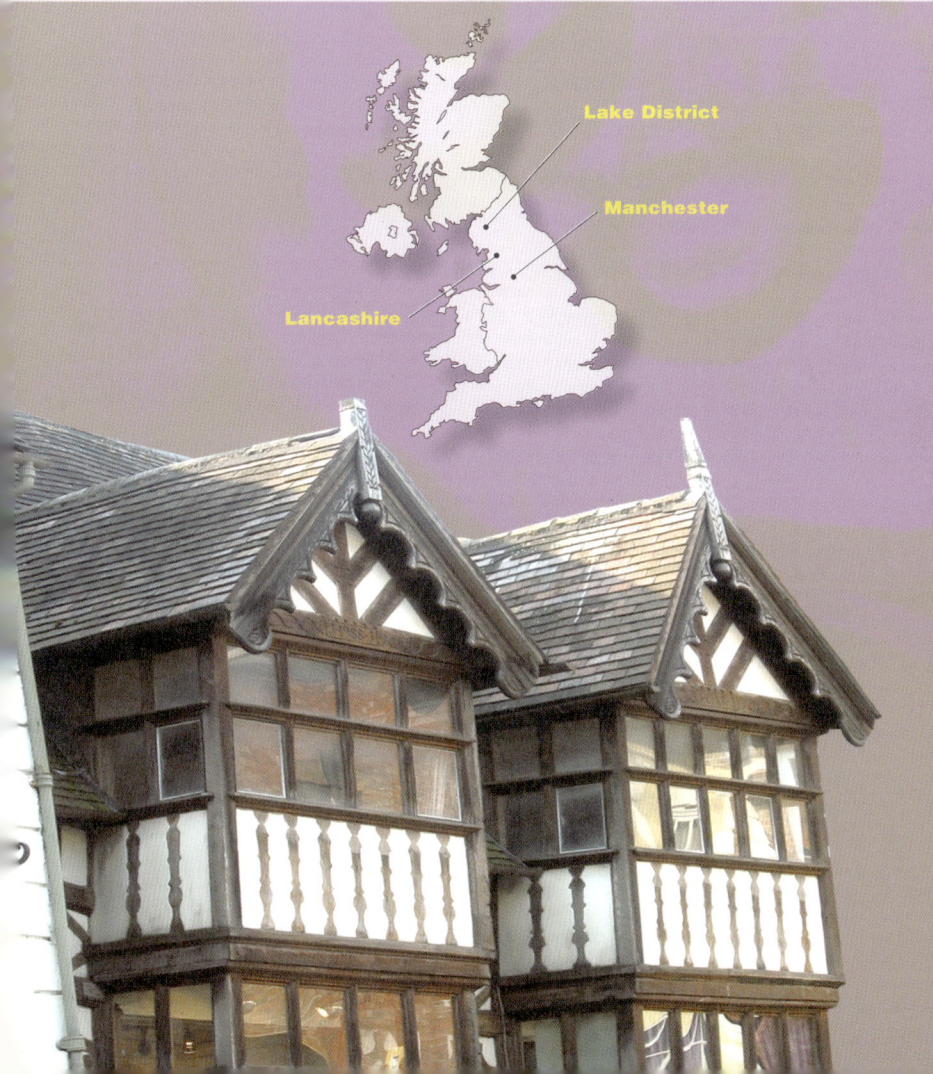

Lake District
Manchester
Lancashire

中部西北
體現不列顛精神的「怪」美食

英國的城市以及各郡的分類頗為複雜，這裡提到英國西北，泛指蘭開夏（Lancashire）、大曼徹斯特（Greater Manchester）、貝里（Bury），湖區坎布里亞（Cumbria）等地區。

蘭開夏是英國工業革命的發源地。16至18世紀時，亞麻、毛、棉紡織工業迅速發展，成為全國最大的紡織工業區。19世紀後期採煤業興起。第二次世界大戰後發展了化學、電機、汽車、飛機等工業。之後紡織和煤礦業日趨衰落，沿海城鎮旅遊業開始興盛起來。

這個地區以前多是小城鎮，因工業而發達起來，比如曼徹斯特現在就是英國的第三大城。大城裡的吃喝玩樂也就與英國其他鄉間地區有些不同，在曼城這個都會區，也像倫敦一樣有較多的有色人種，就是在當時工業發達時從各國前來的工作者，也因此產生了豐富多元的飲食文化。

工業革命以前，歐洲除了皇室之外，一般平民很少是富有的，很多傳統食物就是這樣「made from nothing」，或是為了保存方便而衍生出來。特別是英國中部西北這一帶，很多是在工廠做粗重工作的工人，因此這裡的傳統食物也是盡量用最節省的方式，做出最可口的食物。有些食物我們看來可能覺得很「怪」，其實就只是比較不尋常的東西，跟當地文化有很深的關係。我想食物應該無所謂怪不怪，而是習不習慣的問題，特別是我們帶著對食物的既定印象來看時，更是如此。這麼說起來，中國人的怪食物與英國人相比實在是小巫見大巫啦！

很多人以為西方人不吃動物內臟，可是在英國有非常多的食物就是以內臟或是肉的邊角、腿、雜碎製成，比如叫做Sweetbreads的腺體、豬

1. 購物中心的大吊牌。（Mars Chen攝）
2. 一般社區住家的街景。（Mars Chen攝）

腳和牛膝就常煮成濃稠的高湯，冷卻後這些膠質會呈現凍狀，常在一些豬肉派做好後，以針筒注射進派中。所以我們吃英國的豬肉派時，常會吃到一些像吉利丁的「鹹果凍」狀東西，中國菜也有利用動物膠質凝結而做成的菜，比如「肴肉」，真的就很像肉派切開來的狀態呢。

此外，英國還有一種血做的「布丁」也很受歡迎。每次說到「布丁」，大家總是聯想到嫩黃的雞蛋布丁，不過在英國的「pudding」常常是指飯後的甜點，而很多時候「pudding」也是鹹的食物，比如以豬血和燕麥混合加上各種香料，灌在豬腸裡再以水煮熟的「黑布丁」香腸（Black Pudding）。說到這個黑布丁，做得最好的應該是貝里一帶地區，號稱英國最大室內與戶外結合的貝里市場（Bury Market），就有許多有趣典型的英國食物與各種新鮮食材，其中有家黑布丁專賣店Chadwick's，許多媒體電視都報導過。豬血做的食物我們都不陌生，這黑布丁其實口感不差，反倒是為了掩蓋腥味的香料太過嗆鼻而較難接受，然而這卻是許多英國人的最愛食物呢！

左．貝里市場（Bury Market）有許多有趣典型的英國食物與各種新鮮食材，圖為黑布丁專賣店Chadwick's。
右．櫥窗中的黑布丁，遠看像一個個黑色小輪胎。

　　另一種同樣黑如柏油的酵母醬（Marmite），也一樣深受英國人喜愛。酵母醬的包裝從1920年以後就沒變過，黃色的標籤讓人以為是種濃稠甜漿，聞起來濃烈又有著純麥香。我只試過半匙，嘗起來就是極鹹中又帶著酸味的詭異食物，讓人覺得吃下半匙已是極限！其實酵母醬是一種酵母（Yeast）萃取物，除了鹽及辛香料，另加入風乾蔬菜提味。因為酵母醬不含動物性油脂和乳品成分，所以也不盡是怪異的評價，例如它富含維他命B，堪稱健康食品。不過就像它的廣告詞所說："You either hate or love！"「你不是愛死就是恨死了！」這種讓人好惡兩極的食物，也像黑血腸布丁，這樣強烈的感情或許才是表面冷靜平和的英國人內心的寫照吧！

　　台灣的豬血糕曾被列為世界十大奇怪食物，但英國的豬血布丁也不遑多讓。台灣人愛皮蛋加豆腐，但在外國人眼中卻是恐怖「千年蛋」，我們愛皮蛋的美味就像英國人對酵母醬一樣，只能說人的舌頭和味蕾是帶著記憶和情感的，誰也不必說誰的食物可怕！

　　還有另一種以內臟製成外表像獅子頭的東西，叫做Faggots，又叫「窮人鵝或美味鴨」（Poor Man's Goose or Savoury Ducks），聽起來不錯，可是這個「鴨

1. 各種口味的豬肉派，派上有多種水果裝飾調味。　2. 各種肉腸與火腿。　3. 以內臟製成外表像獅子頭的Faggots。

與鵝」可是一點沒有鴨肉鵝肉的成分，而是用處理過的豬舌和豬肝、豬五花等加上麥片絞成團，做成圓形烤成的。中國有句俗話，說冬天產的蘿蔔清甜有味，叫「蘿蔔賽梨」，指蘿蔔比梨還好吃；而這個美味鴨的名字聽來耐人尋味，但明白那是什麼後也不禁讓人莞爾一笑，至於味道是不是真的「賽鵝」？那就得嘗過才知啦！

用內臟做菜在台灣一點也不稀奇，比如說牛筋牛肚，常以各種香辛料滷透後，蘸著香辣醬料下肚，很過癮好吃。英國人也吃牛肚，只是煮法和吃法對我們來說難以想像，他們會買已經處理好潔淨的牛肚，以洋蔥及牛奶燉煮兩小時至軟，取出後切成片狀，再淋上醋吃。只是我到現在還沒嘗試過，因為光是想像就懶得拿起刀叉一試……

還有各種醃漬菜也是英國人不可或缺的食物配角，比如醃小黃瓜（Gherkin）就很受歡迎。這種小黃瓜一般用來當作配菜，常與味道很濃的乳醬或起士一起吃，像在Pub裡吃炸魚時就有一種塔塔醬，是以酸小黃瓜切碎和酸子一起做成，很提味解膩。而紅蘿蔔、花椰菜和小洋蔥等做成的醃菜也很普遍，就連核桃、淡菜海鮮、甜菜、雞蛋都可以醃漬。像三明治常有一種組合就是起士加上各種醃

Uncle Peter's Food Co. — Llangollen

Dragon's Breath Relish
Tomatoes, Onions, Red Peppers, Chillies, Wine Vinegar, Sugar, Spices and Salt
Refrigerate, use within 8 weeks of opening
175g

Tomato & Sun Dried Tomato Chutney
Tomatoes, Wine Vinegar, Sultanas, Onions, Sugar and Sun Dried Tomatoes
Refrigerate, use within 8 weeks of opening
175g

Pineapple, Lime & Chilli Chutney
Pineapple, Onions, Apples, Wine Vinegar, Sugar, Limes, Chillies, Dark Rum & Spices
May contain nut traces. E220 used in dried pineapple
Refrigerate, use within 8 weeks of opening
175g

Dried Fruit Chutney
Dried Fruits, Onions, Apples, Wine Vinegar, Sugar, Fruit Juice, Sea Salt & Spices
May contain nut traces. E220 used in dried pineapple
Refrigerate, use within 8 weeks of opening
175g

Figs in Brandy
Figs poached in Earl Grey Tea, Cinnamon and Orange Zest, Sugar & Brandy
May contain nut traces. E202 used in fruits

Pineapple in Dark Rum
Pineapple, Sugar, Dark Rum, Water and Orange Zest

Uncle Peter's Chocolate Spread with Toblerone
Contains nuts

菜，味道酸甜好吃。醃漬的紫高麗菜也很常見，最典型的就是跟著名的藍開斯特羊肉鍋一起吃，這在下一篇會提到。

　　愛吃醃漬菜，與英國人愛吃醋和酸味重的食物大有關係，舉凡炸魚薯條到海鮮、牛肚，甚至馬鈴薯脆片等零食都有麥芽醋的口味，好像什麼都要淋上醋才好入口，山西人愛吃醋，英國人也大概有過之而無不及吧。不過英國的醃漬菜與醬受到印度食物不小影響，裡面除了放有大量香料，味道很酸外，很甜也是特色之一。農夫市集有很多這類自製產品，很多攤位也提供試吃，常可在此發現許多味覺的刺激與驚喜，也算是種另類美食。

　　英國是個擁有悠久歷史的國家，很多傳統菜都有其故事與淵源，很多我們看來奇特的食物，也許只是因為我們不夠了解，也或許我們沒有吃到真的做得好吃的產品，一旦嘗過才知道它受歡迎是其來有自的。怪食物，常是外來人對當地食物的詮釋，沒有怪食物，只有見怪不怪的習以為常，才是開始欣賞與我們不一樣的食物和文化的開始，不是嗎？

| 1. | 2. | 3. | 4. |

1. 農夫市場販售的自製果醬。
2. 貝里市場賣的各種傳統點心。
3. 百貨公司熟食區的各式風乾肉乾。
4. 各種自製的醃漬菜與洽特尼醬。

〔中部西北〕體現不列顛精神的「怪」美食

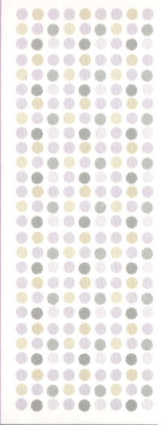

米其林餐廳的
蘭開夏羊肉鍋

蘭開夏的土地並不肥沃,較乾的氣候也不適合培育蔬菜和水果,然而根莖類的蔬菜像是馬鈴薯、胡蘿蔔、甜菜等就生長得不錯,所以這裡有一道菜「金色蔬菜湯」,就是以各種根莖菜加上花椰菜與少許黃薑粉做出金黃橙色的湯。馬鈴薯一直是英國的重要主食,特別是這個地區有更多種吃法。與英國其他地方類似,這裡的畜牧業也很發達,有道從愛爾蘭傳來以馬鈴薯和羊肉做的菜餚「蘭開夏熱鍋燉肉」(Lancashire Hotpot),到現在都還很受歡迎,堪稱蘭開夏的代表菜。

Hotpot,一般譯作「火鍋」,但與我們吃的熱滾滾的火鍋不同,只是一道蔬菜燉肉,譯成「熱鍋」或許更恰當。這道菜是用成熟的老羊頸肉、切片洋蔥、馬鈴薯,一層層疊滿整個鍋子,之後在火爐或烤箱中慢火細烤而成,這道菜聰明之處在於表層那層馬鈴薯,因為起鍋前會打開鍋蓋,最上面那層馬鈴薯已經吸飽了肉的油脂,這時再以爐火烤得香香脆脆,熱鍋底下是溢滿肉香的燉肉,上面是一層酥香的馬鈴薯,以湯匙舀出,湯汁混合著烤得幾乎化掉的洋蔥,放在碗碟中噴香,煙霧暈滿整個餐桌,實在是冬天最撫慰人心的食物了。

過去生蠔還很便宜的時候,窮人甚至會將生蠔一起放進鍋中燉煮。這道菜就像康瓦耳派,各家有不同的做法,有些人會加些迷迭香,有人會放點鼠尾草,也有加咖哩粉,裡面放的肉亦然,像後面要介紹的一家米其林餐廳的主廚哈沃斯(Nigel Haworth),他研究了近30年關於蘭開夏熱鍋燉肉的上百種做法,包括用各式馬鈴薯、洋蔥、不同羊種與部位來入菜。

左. 一般Pub供應的蘭開夏熱鍋燉肉。　右. Welsh Rarebit烤三明治。

　　這裡也有不少漁產，像附近的弗利伍（Fleetwood）海港，有很豐富的海鮮類，還有莫坎灣特有的一種小棕蝦（Brown Shrimp），鮭魚做的醬也很受歡迎。這裡也有自己特產的各種當地乳酪，「蘭開夏乳酪」（Lancashire Cheese）就是其中最著名的軟乳酪，很容易融化，常用來做一種叫做Welsh Rarebit的烤三明治，也就是將火腿配料加在麵包片上，上面灑上大量乾酪，再整個烤得融化的簡餐，上面會點綴些芥末粒提味，雖然簡單卻很有滿足感。

　　另一個代表點心是Eccles Cake，Eccles是蘭開夏的小鎮名字，這道點心是千層酥皮中包進葡萄乾與香料做成的餡餅，約手掌心大小，做好後在表面劃兩刀，刷上蛋白與砂糖後再去烤成。這餅在一般商店並不常見，外型看起來就像台式月餅，只是味道截然不同。

　　過去不是每家都有烤箱，因此傳統的英國甜點常是水煮或水蒸，一旦麵包放乾了，便節儉地把這些乾麵包和「麵包屑」做各種利用，甚至他們以前還吃以麵包屑和牛奶煮成的麵包糊當晚餐，對這樣的吃法不但一點不以為意，竟還覺得清腸適口！所謂的英國惡食，這樣的食物大概堪稱第一名！相反地，另一個同樣用麵包做出的甜點卻相當美味，就是他們一直很愛的「奶油麵包布丁」（Bread and Butter Pudding），做法是讓乾掉的麵包吸滿蛋奶汁再烘烤至金黃而成，濃郁噴香。還有另一種「夏日布丁」（Summer Pudding），也是用乾麵包做成，以土司做皮貼在大碗邊，裡

{米其林餐廳}的蘭開夏羊肉鍋

面塞滿各種以糖煮過的夏天莓果，上面再放上麵包片，讓麵包吸滿果汁呈鮮紅色後，整個倒扣過來，呈現布丁狀，以大匙舀開再佐以鮮奶油共食，外型不羈，味道酸甜可口，徹底展現英國人隨性的做菜風格。

另一個非常著名的英式甜點「女王布丁」（Queen of Puddings），也是以麵包屑為基底，可是冠上「女王」兩字，那可一點都馬虎不得！首先外型上就像個皇冠，做法也精巧細緻複雜許多。就是用蛋黃和加了糖的牛奶做成卡士達奶醬，加入麵包攪成稠狀，並在這層蛋黃醬之上，擠上打發成棉花似的蛋白霜，再將表面烤至金黃而成。與這個很類似的甜點「曼徹斯特布丁」（Manchester Pudding），做法也差不多，只是蛋白部分較脆，底下也加了果醬之類的變化；據說是維多利亞女王在曼徹斯特遊歷時，很喜歡這道點心而重新命名變成這道甜點。這些特色菜餚與點心，都在之後介紹的Northcote Manor，見到大廚如何運用精湛廚藝將這些庶民食物變成妙不可言的皇后級美食！

BBC的廚藝競賽節目「大英佳餚」，每年都有星級名廚來參賽，而贏得2009年主菜冠軍的，是來自蘭開夏米其林餐廳Northcote Manor的主廚哈沃斯，而幫他打贏這場競爭激烈比賽的菜色，就是蘭開夏的傳統菜：蘭開夏熱鍋燉肉。

哈沃斯是蘭開夏人，對家鄉的菜式與特色瞭若指掌。他的餐廳有好幾種菜單，讓賓客能有不同價位的選擇。菜式的組合相當特別，搭配方式天馬行空，比如菜單中有道奇特的海陸組合餐，是以沿岸撈捕的鱈魚與豬腳及牛肚組合的菜式，另一道慢燉鷓鴣（松雞）腿與內臟做的小串烤，這樣的搭配組合，可一窺哈沃斯對家鄉傳統菜的堅持和信心，讓人感受到料理確實有很大的可能性與變化，必須跳脫某種拘泥形式。

這家Northcote Manor其實是一家高級B&B及旅館，位於蘭開夏的鄉村之間，外型看來就像座大莊園，旁邊則是一片綠地及菜園，環境優美，讓旅客不只來此用餐，更可以做一趟美食主題式的度假之旅。

左. Northcote Manor是家高級B&B及旅館，外型像個大莊園。　右. Northcote Manor前供人休息的寬敞露台。

　　我們來到這座莊園，一抵達，在門口接待我們的女侍連問都沒問我們是誰，就直接說出：「請問是×先生小姐嗎？」驚訝他們如何辨別出我們的姓名之餘，也讓人覺得他們已經預備待你賓至如歸了。

　　我們先坐在他們擺設典雅的等候室享用小點心和飲料。我們點了馬丁尼加可樂，侍者端上看來像是黑色石板的不規則形「托盤」，上面是他們自製的馬鈴薯薄片，另一個小碗是雙層洋蔥慕斯，上面還插上整片烘乾的洋蔥薄片，窗外的陽光照在薯片及洋蔥片上，竟呈現一種透明感，有一種讓人放鬆的美感。薯片非常酥鬆，洋蔥慕斯也滑順可口，兩者相搭是很好的餐前下酒小點心。

　　休息過後，店家也準備好上菜，穿著西裝的總侍者微笑帶領我們到用餐區。餐廳內部舒適寬敞，有挑高的屋頂和整片落地窗，桌巾非常厚實，熨燙整齊，還在邊角繡上Northcote的字樣。桌上擺有一小朵新鮮向日葵，每個位子都擺著哈沃斯簽名的裝飾大盤，一旁是各種刀叉。寧靜的爵士樂，溫暖的燈光，擦得雪亮的杯子與骨磁盤，自成一種高級美感。

{米其林餐廳}的蘭開夏羊肉鍋

Part3 _143

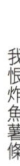

左. 搭配餐前酒的手工薯片。　右. 搭配餐前酒的洋蔥慕斯。

　　在前菜快來時，女侍者端來一個四方托盤，裡面是四款整齊排放剛出爐的新鮮小麵包，有四種造型與口味，每個都噴香，看起來也都好好吃，於是我鼓起勇氣向侍者說：「我可不可以都要一個？」於是，我的小麵包盤裡就擠滿了侍者夾給我的可愛麵包！

　　光麵包就讓人驚豔，像貝殼造型的小麵包，兩個邊角非常香脆，肚子部分的麵包心像棉花般輕盈，四方形的麵包中間有著糖化的洋蔥，其上點綴著幾粒海鹽，讓整個麵包的味道就這樣醒了過來，卷心的是乳酪，圓形的則是簡單的多穀麵包，看似不複雜的麵包，其實並不簡單。

　　兩位侍者端來前菜，其中一道是：燻鮭魚、小棕蝦與海蓬子脆土司、小黃瓜與山蘿蔔美乃滋，擺盤優美。他們使用的「土司」是一片切得極薄的法國麵包片，厚度也不過兩釐米吧，卻均勻一致，不規則的形狀讓人聯想到海灘，有一種美感。土司上的小黃瓜也每顆都像小蝦差不多大小，像小骰子般整齊並透著光澤，蝦上放的是帶著海鹹味的海草海蓬子。小棕蝦則是莫坎灣所產，味道出乎意料鮮甜，搭配鮭魚，滿滿海的滋味。

由左至右. 餐前的四款小麵包；其中一道前菜：燻鮭魚，小棕蝦與海蓬子脆土司，小黃瓜與山蘿蔔美乃滋；另一道前菜：黃甜菜湯與酸模泡沫。

　　另一道是黃甜菜湯與酸模（某種香草，味酸辣）泡沫，裝在弧線型的碗中。湯並不濃稠，黃甜菜特別的是竟沒有一絲土味，反而像是甜玉米榨出的汁，酸模泡沫味道並不濃，只是一道清淡的湯，味道卻很溫和，似乎喝得到土地豐富的精華。

　　主菜點的當然是哈沃斯的招牌菜蘭開夏熱鍋燉肉，不過他這是現代的「米其林版」：蘭開夏熱鍋已簡化成一座小塔，並搭配小塊烤羊里肌，醃漬紫高麗菜，迷你胡蘿蔔與細大蔥，與我之前在其他餐廳吃過的蘭開夏熱鍋燉肉不同，應該可說是「極簡派蘭開夏熱鍋」！熱鍋小塔上面那一層馬鈴薯在這裡變成薄如紙片的薯紙，中間夾著洋蔥與軟嫩去骨的羊頸肉，羊里肌呈現劍型般架在另一塊小羊肩上，最讓人驚訝的是肉質非常好，吃不到一絲腥羶味。羊頸肉入口即化，里肌是嫩中有豐富肉汁，那塊帶肥的羊肩表皮如烤乳豬般酥脆，整道菜讓人覺得每一口都是精心打造，非常美味！

由左至右. 桌上擺放的新鮮向日葵；有落地窗的用餐大廳；連洗手間都很雅緻。

由左至右. 蘭開夏熱鍋；女王布丁；Eccles Cake與咖啡。

　　另一道主菜是奶油脆皮包捲紅松雞腿、羅馬式花菜、龍蒿與鹹堅果、一端來就讓人想拿起放大鏡來研究其精巧的細節。松雞腿與雞肉慕斯一起捲在一層薄如翼的奶油酥皮中，羅馬式花菜精準地切出每顆大小一致的小花頭，醬汁上放著幾顆綠色小細果凍丁，所謂的鹹堅果其實是以醬汁方式呈現，味道很像義大利青醬。這道菜光是視覺上就目不暇給，各種細微的滋味讓人努力猜它是什麼材料所做，松雞稍微鹹了些，卻香嫩好吃。

　　甜點點了女王布丁及乳酪拼盤。女王布丁上面的蛋白霜像個皇冠般矗立，撒上煮過的蘋果細丁，不論技巧與口感都讓人驚喜。乳酪盤則是蘭開夏獨有的藍紋產品，味道非常純香濃郁，配上葡萄與餐廳自製的超薄脆餅，抿口紅酒一起品嘗，真是飯後一大享受。

左. 奶油脆皮包捲紅松雞腿、羅馬式花菜、龍蒿與鹹堅果。　右. 餐廳自製的超薄脆餅。

我恨炸魚薯條

Beyond Fish & Chips _146

整套餐吃完，本以為有了完美的結束，可是侍者再端來咖啡，旁邊附上一個象棋般大小的小圓餅，啜口咖啡，咬一口小餅……我的媽啊！這個小餅怎麼這麼好吃啊！仔細一看，居然是迷你版的Eccles Cake！餅皮極香，而裡面這麼小的空間卻塞滿小葡萄乾，一點不覺甜膩，與我印象中檳子頭般大的Eccles Cake實在大有出入！沒想到這個小餅，是我這餐完美句點後的驚嘆號！

　這次在Northcote餐廳的經驗當然是極其享受的，可是這個餐廳最讓人激賞的地方，是他在米其林法國菜系中，烹調出了一曲屬於自己的「蘭開夏米其林」音調，用的是當地的資源，做的是當地的特色菜。英國菜在這裡已經完全提升改觀，所有菜色彷彿都在宣告：身為英國人就該為自己的家鄉菜而驕傲！

Northcote
- Northcote Road, Langho, Blackburn, BB6 8BE, UK
- + 44（0）1254 240 555
- http://www.northcote.com/
- 午餐：週一至週六12:00pm~1:30pm，週日至2:00pm；
  晚餐：週一至週五7:00pm~9:30pm，週六6:30pm~9:30pm，週日7:00pm~9:00pm

Northcote休憩區。

{米其林餐廳}的蘭開夏羊肉鍋

蘭開夏熱鍋燉肉

小·熊·的·英·國·味

這道菜是蘭開夏的傳統菜式，用的是當地最多的馬鈴薯與羊肉，
以慢火烤成的一道燉煮菜，其實只是一道家常菜，
我們在餐廳吃到的則是米其林版，
一般家庭所做的就是以下要介紹的方法。

材料

- 1kg羊肩肉、羊頸或是羊腱，徹底清潔（切成3～4cm塊狀）
- 700g切成細片的洋蔥
- 40g鹹奶油
- 1kg削皮並切成薄片的馬鈴薯（King Edward種的馬鈴薯最佳）
- 3小匙海鹽與白胡椒
- 迷迭香與鼠尾草各一小把
- 雞湯半鍋

1.　　　　　　　　　　　　　　　　3.

做法

1. 將羊肉整個撒上海鹽與白胡椒並沾上一層麵粉，放在一個耐熱皿或是鐵鍋中。
2. 將洋蔥與奶油一起放在鍋中，以小火燒炒，使香味溢出但不要上色太多。
3. 將炒好的洋蔥放在羊肉上，然後平均將馬鈴薯片排上，並將最漂亮的形狀放在頂面並整齊排好。
4. 在馬鈴薯上刷上一層奶油，加進雞湯與香草，放進預熱好180℃的烤箱，蓋上一層錫箔紙。
   烤約30分鐘後，將火溫降低170℃，繼續烤2小時。
5. 最後掀開錫箔紙，將表層烤至金黃，即可取出，趁熱食用。

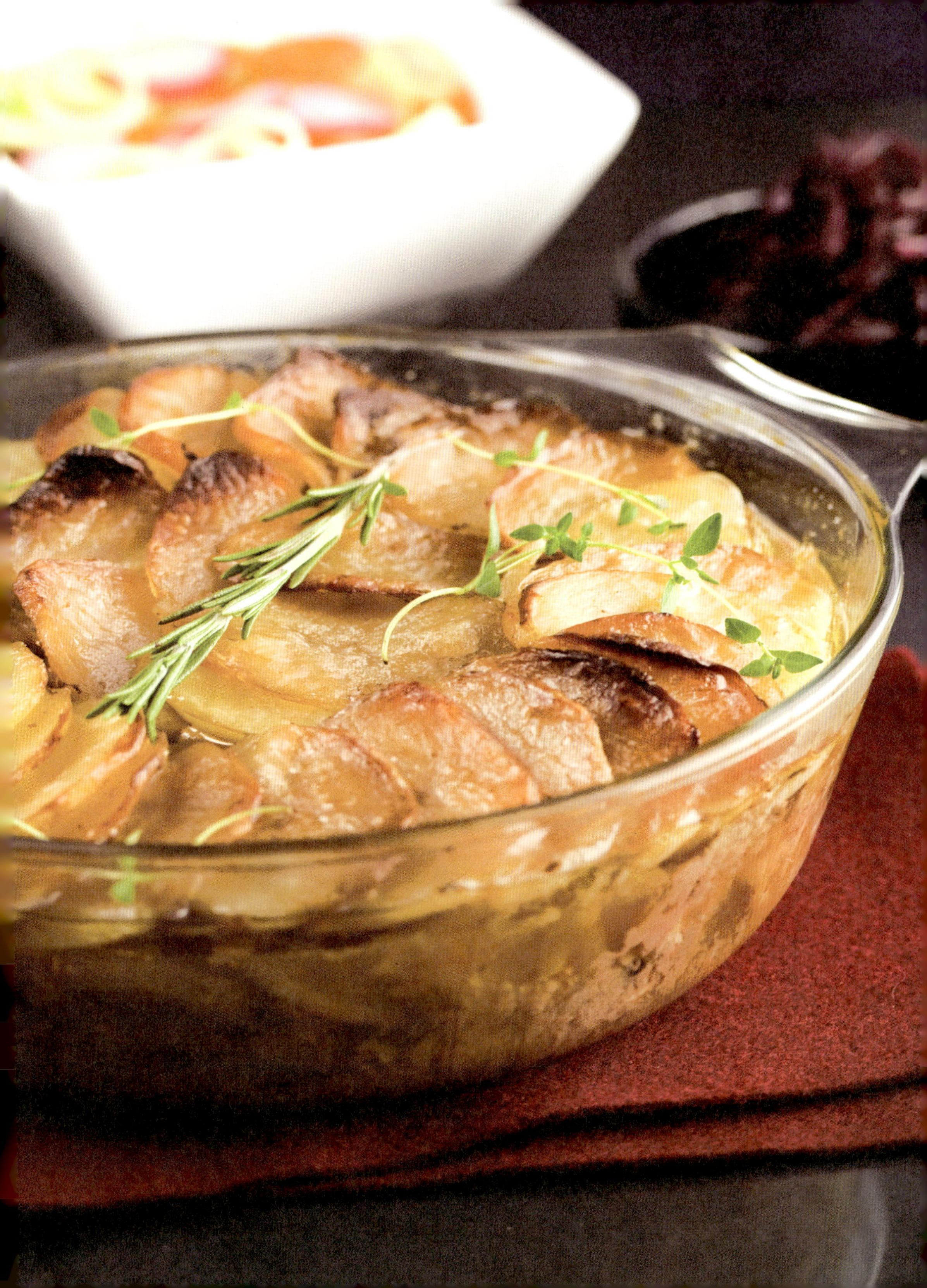

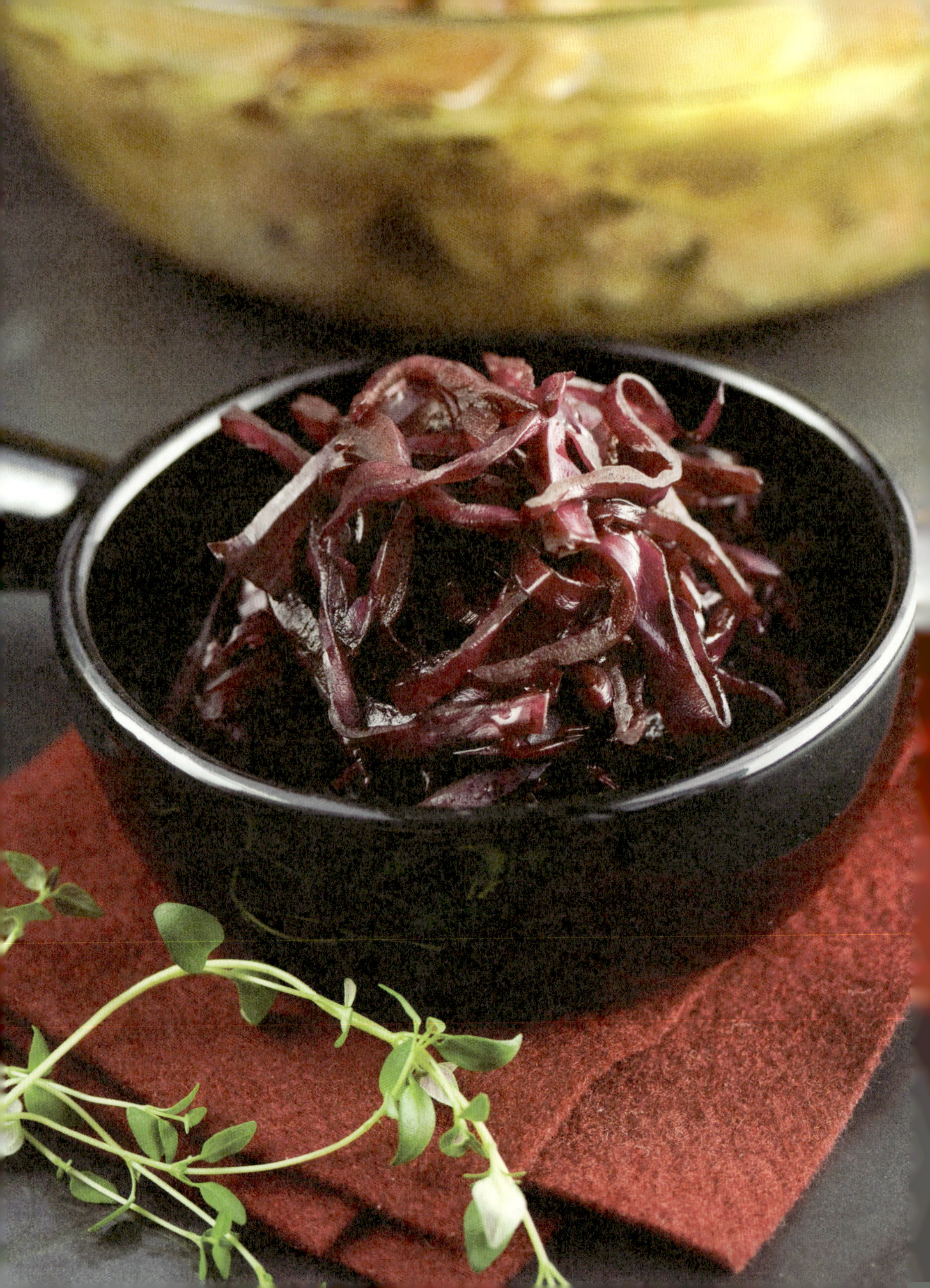

醃漬紫色高麗菜

這道菜是英國傳統小菜，
非常酸也非常甜，與味道濃重的羊肉鍋共食有去油解膩的效果，
也有人用燉煮的方式做成，我則用醃漬方式，
使之充分入味是烹調重點。

材料

- 1/2顆紫高麗菜切絲
- 1/2杯普通的紅酒醋
- 1杯砂糖
- 2大匙辣椒碎片
- 2大匙黑胡椒粒

做法

1. 將紫高麗菜灑上一層海鹽使出水，20分鐘後將水擠乾。
2. 其間可在鍋中倒入所有其他材料，煮滾將糖煮融，泡30分鐘。
3. 將醃汁過濾去除雜質。
4. 倒進高麗菜中拌勻，放進一個乾淨容器中。
   醃漬約2天，使之充分入味即可取出，與蘭開夏火鍋燉肉共食。

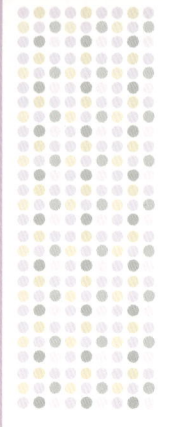

曼徹斯特的粵菜與港式點心

大曼徹斯特（Greater Manchester），是英格蘭西北的都會郡，由蘭開夏、柴郡（Cheshire）、西約克夏（West Yorkshire）等幾個郡的都會自治市內70個地方政府合併而成，範圍相當廣。而曼徹斯特城占了整個郡的大部分區域，是其中最大的都會區，市區總人口在英國排名第二，僅次於倫敦。

工業革命使曼徹斯特自18世紀起成為工業城市，大量紡織廠在此設立。曼徹斯特同時也是分銷中心。世上第一條客運鐵路──利物浦至曼徹斯特鐵路的啟用，亦加速了這城市的發展。但20世紀初因經濟大衰退，曼徹斯特的工業受到影響，加上二次世界大戰時，曼徹斯特的重工業設施受到納粹德國的嚴重轟炸和破壞，戰後的曼徹斯特工業開始式微，但大城市地位依舊不變。

曼城一開始是因為工業而發達起來，因此不像首都倫敦或約克是王宮貴族的聚集地，而是由藍領階級組成的城市。這裡有很多因當時紡織業興盛而來此謀生發展的工人階級，以及因修建鐵路而召集來的外國勞工，還有後來因其他城市變革而湧進大量外來移民。藍領階級與異鄉客造就出曼城獨特的文化面貌，於是有英國第二大的中國城、最大的足球聯盟，還有一條非常長的印度街，呈現出曼城豐富多元的異國情調與飲食口味。

雖然許多資料與數據都顯示，利物浦的中國城曾是英國第二大也是歷史最悠久的，但親自造訪後，看到殘敗凋零、關門大吉的餐廳在中國城比比皆是，徒剩寬敞的大街與高大的牌樓。

左、曼徹斯特的中國城牌樓。
右、曼城的購物中心也有中國區，可見中國文化十分受歡迎。

　　中國人第一次出現在利物浦是19世紀時，因為當時與中國有貿易往來，中國人開始落地生根，在港埠邊經營餐飲小生意。二次大戰後，約兩萬名中國水手在利物浦港口工作，後來為了爭取和白人水手一樣的薪資而展開長達四個月的罷工抗議。可悲的是，抗爭最後，這些水手被貼上「麻煩製造者」的標籤，薪資也縮減為原來的三分之二，並給他們唯一選擇：回中國的單程票。因此那時許多水手紛紛離開英國，當時勉強留下的人也因為工作與經濟因素搬遷到伯明罕或曼徹斯特，利物浦的中國城遂逐漸凋零。

　　因此，現在曼城的中國城成為全英第二大、歐洲第三大，而居住的華人多是當年曼城的工業與鐵路修建時召募來的勞工，也有從利物浦搬遷過來的，加上近年來這裡的中國餐廳越開越多，競爭激烈下，各大餐廳也各自從中國與香港聘請來大廚，因此這裡有好幾家中國餐廳的口味都很純正，許多人特別從其他城市慕名而來品嘗這裡的粵菜與港式點心。

　　曼徹斯特中國城主要位於福克納（Faulkner）街上，就在曼城的另個地標：同志村（Gay Village）的旁邊，周邊有不少中國餐廳，還有泰式、日式、新加坡等料理。我曾在倫敦居住四年，就我個人的經驗比較，倫敦雖有最大的中國城，也有名聲與風評皆佳的餐館，但曼城的粵菜與點心比倫敦的更好更精緻，有不少香港人也有同樣觀感。

由左至右. 新界盆菜、羊城的燒臘拼盤、太湖的蔥薑龍蝦。

　　比如説在曼城有幾家我們常光顧的中國餐廳，中文菜單翻開來真是多又長，最大特色就是每道菜都繞口複雜，念了一圈下來還有七成不知道是什麼菜，研究菜譜也成了吃飯前的暖身運動！

　　像是「太湖大酒樓」，龍蝦套餐就做得很有譜，龍蝦肉緊實新鮮，鮮甜有味，中式的蔥薑調味，讓人吃的兩手沾滿蝦汁，吃完後拿熱毛巾用力擦乾淨，有一種滿足的快感。其他粵菜如腐竹魚球火腩煲、麵筋生蠔煲、黃金海皇瓊珊豆腐，都是其他地方比較吃不到的，值得嘗試。這裡的菜譜翻開來有50道以上菜色，若都要一一嘗試，那真是不可能，不過做的都有一定火候，上菜極快，只見你一點餐，伙計進廚房，廚師就大鍋大鏟地做了起來。每道菜都是鍋氣十足，香氣逼人。

　　「金煌大酒樓」，菜色分量十足，過年期間還推出極盡豐富之能事的「盆菜」。而盆菜究竟是什麼？顧名思義，就是像臉盆一樣大的菜！

　　我們去吃的時候，只見牆上貼著是今天才有的特色菜，我們立刻點了一盆，因為平日吃這道菜得四人以上，又要一週前預定，因為製作費時耗工，店家必須事先準備，頗為珍貴稀罕。菜一端來真的讓人頓時覺得富貴喜氣，一個深深的鍋，最上那一層鋪著高級海鮮和油雞。第二層則是明爐烤鴨、手打鯪魚球；再下去有冬菇、蝦乾；最後則是枝竹、魷魚、蘿蔔、豬皮等，非常豐富。在曼城這許多年只吃過一次，確實是料豐味美，這樣一盆來自新界的傳統、過年喜慶才吃得到的菜竟在曼城能得嘗，算是開了眼界啦！

我恨炸魚薯條

Beyond Fish & Chips _154

1.
2. 3. 4.
1. 羊城的食器碗碟感覺較為精緻。
2. 羊城的「一品煲」，上面鋪滿鮮甜的干貝絲。
3. 金蒜茄子麒麟斑，茄子蒸得軟又糯，魚片鮮嫩好吃。
4. 羊城的室內裝潢是老上海風格。

然而，說起「一品煲」，反而在曼城的粵式餐廳不難吃到，幾乎每家餐廳都有獨門的招牌一品。像在曼城歷史最悠久的「羊城」，歷年來得到不少美食評鑑獎項，是其中最知名的餐廳。羊城的室內裝潢是老上海風格，不論杯碗瓢盆都很講究，侍者的服務態度及氣質外型皆好，這些都是只講究味道的中國餐館少見的。

我們在羊城吃過海皇一品煲，用上等海鮮乾貨如干貝、乾淡菜、蹄筋、海參，發開或炸過後，以老母雞湯煨燉入味，再加上新鮮蝦仁等海鮮做成。粵菜一向以鮮美味甜為特色，這一鍋煲可真是鮮美至極。其他如脆皮烤鴨、脆皮燒肉等燒臘也都在水準之上，另一道「金蒜茄子麒麟斑」，茄子蒸得軟又糯，魚片鮮嫩好吃。這家羊城菜的份量比其他餐廳少些，但論氣氛與服務態度，以及菜的精緻度應可彌補這少兩三口的缺憾了。

{曼徹斯特}的粵菜與港式點心

另外值得一試又價廉物美的東西，就是港式點心。「金煌大酒樓」的港式點心還用推車方式叫賣，做的細緻美味，是我吃過最好吃的點心。「喜臨門」的港式點心也很不錯，各種嫩滑蝦餃、海鮮餃，皮帶著韌勁，半透明的小包折子清晰通透，內餡有鮮有脆有嫩。他們的蘿蔔糕也像是還能吃到蘿蔔般嫩香，清蒸的口味更是滿口清香。腸粉則有各種口味，我們很喜歡有蝦有叉燒的鴛鴦腸。還有香港人愛吃包了「油炸鬼」的油條腸粉，外軟內脆頗有特色，以及外國朋友指名要吃的叉燒包，甜鹹口感加上古法做成的開花鬆軟包子皮，確實好吃。此外，炸的紙包芝麻蝦、泰式春捲皆脆香可口，糯米雞和各式小煲仔飯也都不錯。我特別喜歡一些小甜食，如澳門的雙皮燉奶、奶皇酥香濃不膩，芒果布丁淋上濃縮奶或煉乳也相當好吃。不過港式點心雖然份量不多，可是油水較重，若不喜歡太膩口，可選擇清蒸類的點心。

　　這些餐廳的菜或點心都各有特色、也都各有擁護者，聽說還有一家「小辣椒」的川菜餐廳也很不錯，不過選擇太多，這裡就介紹幾家我喜歡的。中式餐廳和西式餐廳比起來價美物廉得多，有機會來曼城一定要試試，原來英國也有好吃的中國菜！

由上至下. 叉燒包、鴛鴦腸、雙皮燉奶、奶皇酥、嫩滑蝦餃、海鮮餃、蘿蔔糕。

我恨炸魚薯條

Beyond Fish & Chips _156

羊城餐廳 Yang Sing

- 34 Princess Street Manchester M1 4JY, UK
- + 44（0）161 236 2200
- http://www.yang-sing.com/restaurant/index.html
- 週一至週五12:00pm~11:45pm（週五至12:15pm），週六12:00pm~12:15am，週日12:00pm~10:45pm

太湖大酒樓 Tai Wu Cantonese Restaurant

- 44 Oxford Street, Manchester, Lancashire, M1 5EJ, UK
- + 44（0）161 236 6557
- http://www.nhad.co.uk/nhad/TaiWu/
- 每日12:00pm~17:00pm&17:30pm~22:00pm

金煌大酒樓 Glamorous Chinese Restaurant

- Wing Yip Business Centre, 1st & 2nd Floor, Oldham Road, Ancoats, Manchester, M4 5HU, UK
- + 44（0）161 839 3312
- http://www.glamorous-restaurant.co.uk/
- 週一至週五11:30am~23:00pm，週六至週日11:30am~12:30am

喜臨門酒樓 Tai Pan Restaurant

- 81-97 Upper Brook Street, Manchester, Lancashire, M13 9TX, UK
- + 44（0）161 273 2798

由左至右. 紙包芝麻蝦、泰式春捲、糯米雞。

我恨炸魚薯條

Beyond Fish & Chips _158

茄子雙魚夾

小·熊·的·英·國·味

這道菜的靈感來自羊城的「金蒜茄子麒麟斑」。
做法很簡單，捨去一般茄夾需要油炸的做法，而以清蒸方式完成，味道清爽可口。
用的是油脂含量較高的鮭魚與鱈魚，魚本身的滑潤口感讓茄夾也相當軟嫩。

材料

- 1個大圓茄子切薄片（或是用2根長條狀的切斜片）
- 巴掌大的鱈魚切片（與茄片一樣大小）
- 巴掌大的鮭魚切片（與茄片一樣大小）
- 2大匙蒜頭酥
- 鹽、胡椒與酒少許
- 1匙太白粉

做法

1. 將切片茄子灑上鹽，靜置15分鐘，以紙巾擠壓吸乾滲出的水。
2. 鮭魚以鹽、胡椒與酒少許醃10分鐘，灑上一匙太白粉。
3. 茄子與魚片以交錯方式碟在盤上，灑上蒜頭酥。
4. 放入鍋中大火清蒸15分鐘，取出，將滲出的湯汁倒出少許，淋上一大匙燒熱的油，以及少許的香油即可。

﹝曼徹斯特﹞的粵菜與港式點心

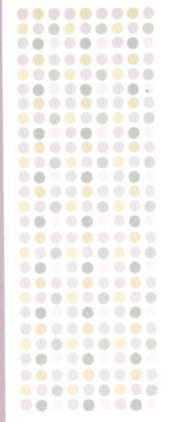

足球與 Pub 裡的美食

　　足球是曼徹斯特文化的重要部分。大曼徹斯特區的球會數目達到全世界最高人均數字。曼徹斯特有兩個著名球會：曼徹斯特聯隊（Manchester United，簡稱曼聯）和曼徹斯特城隊（Manchester City，簡稱曼城）。曼城的主球場是曼城球場（City of Manchester Stadium），曼聯的主球場是老特拉福德球場（Old Trafford Stadium），也是英格蘭最大球會足球場，位於特拉福德的郊區。然而這許多足球隊的形成，也跟曼城一直以來都是以工人階級為主的城市有關。

　　許多人可能不了解在英國這個階級分明的國家，連體育都是分等級的！比如網球與板球是屬於貴族的運動，球員多半穿著潔白服裝，比賽也帶著優雅態度；不同於足球的豪放狂野球風，痛快淋漓，嘶吼吶喊，不顧形象與「氣質」，一副盡情盡興活著的「工人階級」形象！這就好比英國人的兩面性格，可以很溫文儒雅，另一方面也需要釋放宣洩平常積存在心底的情感。有人說英國的酒吧就是英國人壓抑個性下形成的文化，是下班後一定得去放鬆的場所。而酒吧裡的活動，常不只是喝酒，更多的是一群人聚集看球賽，一面吼叫，一面社交。「如果你沒去過酒吧，就等於沒來過英國」。要想了解英國的浮世風情，最好的教材莫過於酒吧。

左. ALL BAR ONE，大型連鎖Pub。
右. 懷舊味濃厚的傳統Pub，建築本身很有看頭。

YE OLDE BULLRING TAVERN
BAR SNACKS
TRADITIONAL ALES
NG TAVERN
Circa 1365
LOUNGE
ANSELLS
PUBLIC BAR
YE OLDE BULL RING TAVERN

就像英國人極端衝突的個性，他們一方面遵守禮教，一方面又渴望擺脫束縛，從英國最重要的兩種建物——教堂與酒館——即可見一斑。教堂和酒館是一個村落市集的中心，也是人們活動的主要場所，更是心靈的寄託之處。然而，他們將心靈寄託於教堂還是酒館就不得而知了。

「酒館」，既是喝酒的場所，難免與頹廢產生聯想，總之不是個正經的地方。然而，英文中的pub卻是一點都沒有負面的意思，不過就是"public house"的非正式叫法，是個「公共場所」——是人們把私事大公開、交換內幕的好處所！換句話說，走一趟舊時的英國Pub，就等於翻了一份今日的八卦報。

酒吧也稱Inn，可是如果你憑著教科書或翻譯機的翻譯，以為Inn就是小旅館的意思，在旅行時看見遠方閃著「Inn」的招牌，拎著大包小包衝進去投宿，酒店主人可能會一邊搾著酒，一邊百無聊賴瞅你一眼，說：「我們沒有房間……」

　　所以Inn不一定是小旅館，卻絕對賣酒，反而這個「公共場所」Pub，有時卻會在門口貼著：一人一晚30英鎊。旅館不能睡人，酒館卻歡迎入住，這樣稀奇的現象也只有英國才有。

　　現在的英國酒吧有許多不同的經營型態，Wetherspoon就是像麥當勞的連鎖酒吧，是英國最大的連鎖Pub之一，賣有各種啤酒，如桶裝麥芽啤酒（Real Ale），還有不少大廠牌的淡啤酒（Lager）。這家連鎖Pub英國到處都看得到，大都在市中心，消費便宜，比如一杯啤酒只要1.99英鎊，一份炸魚薯條只要2.99英鎊。而且這家連鎖酒吧裝潢頗富現代感，乾淨舒適，以前常約朋友在那裡消磨一下午，吃喝聊天，是很多年輕人愛去的地方。類似的連鎖Pub還有All Bar One和Slug and Lettuce，裝潢現代，氣氛佳，相對價位就高些。還有其他較小的平價連鎖酒吧，像Sizzling及Harvest，環境比較不那麼講究，是英國家庭聚會用餐的好去處。

　　在人際關係偏向冷漠的英國社會，酒吧的存在就是對社交缺乏的補充。幾世紀以來，英國人無論是朋友聚會、同事閒聊、商人談生意都會把酒吧作為首選之地。酒吧裡最忙碌的時間就是在下班後的五點，許多穿著西裝的男人扯開領帶大口喝著啤酒，穿著套裝的上班族女性也手執一杯紅酒，坐在Pub外聊天。大家在這裡拋開工作的辛苦和家事的煩擾，盡情歡笑，享受杯中物帶來的快感。

左．Wetherspoon是英國大型連鎖Pub之一，圖為溫莎城堡附近的Wetherspoon。

YE OLDE TRIP TO
JERUSALEM
1189AD
The OLDEST INN
IN ENGLAND

GUN INN
RESTAURANT
FULL MENU
MEALS ALSO
AVAILABLE
IN BAR
GUN INN
OPEN ALL DAY
SAT - SUN
& BANK HOLIDAYS
CASK ALES
JOHN SMITHS
PEDIGREE
THEAKSTONS
BODDIES
The Gun Inn
RESTAURANT ENTRANCE
ONLY
GOOD BAR FOOD
SERVED ALL DAY
The Gun Inn
SUNDAY
ROAST SPECIAL
2 COURSES

足球是英國的國球，英超聯賽開始前，各家酒吧都會大爆滿。大批球迷聚集在此，多半是彪形大漢或是穿著擁護球隊球衣的男子，人手一杯超大杯冒泡啤酒，一邊看球賽一邊大口嚼著洋芋片，大聲吼叫，球隊得分時更是要把房子掀了。倘若愛這樣的氣氛，可以去湊熱鬧，不然這個時候就千萬別出門，尤其在幾個曼城足球場附近，路上塞車，一片混亂，到處都是裹著足球隊旗子的男人在街上奔跑大叫，喝醉鬧事、瘋狂撒野的更不在少數，這個時候出門要格外小心！

然而不只是喝酒看足球，近年來在酒吧已可以發現美食的蹤影了。

那麼酒吧的食物又是什麼？ "Pub grub - a pie, along with a pint." 這句話真的很貼切，酒吧的食物，就是一塊派和一品脫啤酒！

傳統來說，在英國的Pub主要是以喝酒為主，至於吃的東西並不是重點，多半就是吧台上的小食，比如他們很愛的炸脆豬皮（Pork Scratching），或是醃過的蛋、洋芋片及鹹花生，這些鹹滋滋的食物可以讓他們賣更多的酒。有的酒館也賣一種叫做「農夫午餐」（Ploughman's Lunch）的冷食，內容就是冷的乳酪片，加上一些醃漬菜還有幾片麵包或沙拉，非常簡單。

1950年代，就是「一塊派和一品脫啤酒」的年代，那時候Pub中最多就是店主太太做的簡易煎牛排或肉派，後來發展為放在餐巾紙或籃子裡的烤雞和薯條，之後有了微波爐則賣些冷凍食品。

直到現在，很多Pub供應傳統英國菜，菜色也非常類似，比如說各種派：牛排啤酒派（Steak and Ale Pie）或是牛肉腎臟派（Steak and Kidney Pie），以啤酒燉煮牛肉或腎臟，以酥皮包成肉汁滿溢的派，裡面的肉塊非常軟嫩入味，皮很酥香。我們在威爾斯的酒館就吃過以羊肉和韭蔥做的肉派，內容或許不太一樣，外型則是大同小異。

1. | 3. | 1. 英國史上最古老的Pub：The Olde Trip to Jerusalem。
2. | | 2. 連英國山區都有Pub，此為鄉村Pub：Gun Inn，不提供住宿。
   | | 3. 各式各樣的肉派。

由左至右：酒吧的異國風味食物、綜合碳烤、英國早餐、炸魚薯條、豬肉派與沙拉、香腸與薯泥。

　　再來，就是各種不是包著酥皮的「派」，也就是在深盤中放入「餡料」，比如牧羊人派（Shepherd's Pie）就是羊肉做的蔬菜肉醬，小茅屋派（Cottage Pie）就是牛肉醬，海鮮魚派（Fish Pie）則是以各種魚肉如鱈魚、鮭魚加上白醬，餡料上面擠著馬鈴薯泥，再將表面烤至金黃而成，愛馬鈴薯泥的人一定會喜歡這道料理。

　　另外還有一道很受歡迎的「香腸與馬鈴薯泥」（Bangers and Mash），香腸是英國人非常喜歡的食物，至於為什麼要將香腸叫做 "Banger"？bang指乒乒乓乓的聲音，以前的食物得來不易，英國的香腸在製作時會添加不少油或水增加分量，而在下鍋煎的時候，香腸中的油水分離出來濺入鍋裡，鍋子遇水則熱得乒乓作響，因此得名。以前的香腸品質並不好，以雜肉或其他穀片等充數，近來的英國香腸越做越好，我在牛津就吃過非常好的香腸，但不一定到處都是如此，在選購時要注意標示含肉量90％以上才是好吃的基本保障。

　　其他像是一定有的炸魚薯條、星期日烤肉餐（Sunday Roast，將在Part4的「約克夏」那篇介紹）、綜合碳烤肉排、各種三明治、切開夾餡帶皮的烤馬鈴薯（Jacket Potato），甚至義大利麵、千層麵，還有墨西哥辣肉醬（Chilli con Carne）、玉米片、印度咖哩套餐等也很常見。這些食物在Pub都很平價，若經費有限，又想嘗嘗一般英國人吃的食物，去酒館就可一次吃喝夠味了。

　　這些年，食物在Pub越來越重要，到了1991年更出現Gastropub一字。這個字其實是pub和gastronomy兩字結合而成，gastronomy即代表美食文化與精巧烹調。Gastropub是主廚埃爾（David Eyre）與合夥人員班（Mike Belben）接手經營倫敦克拉肯威爾（Clerkenwell）這家「老鷹」（The Eagle）酒館時發明出來的。這樣講究美食的Pub越來越多，是老饕祭五臟廟的好去處。

我恨炸魚薯條

Beyond Fish & Chips _166

英國大文豪約翰生（Samuel Johnson，1709-1784）說過：「人類還沒發明過一種事物，像好酒吧一樣，能帶給人這麼多歡樂。」這是英國人的心聲，英國酒館確實是蘊藏許多故事的地方，記錄了許多英國的過往遺跡，而現在美食也慢慢在這古老文化中生根發芽。由此可見英國真的有美食嗎？答案將是肯定的。

Pub中的吧台。

牛津肉腸

小·熊·的·英·國·味

一般英國香腸需灌入腸衣，牛津香腸沒有腸衣，吃起來與其說像香腸，不如說比較像肉丸，做法也比香腸簡易得多。
牛津香腸加進不少香料與檸檬皮，味道與其他肉丸很不一樣。
只需揉捏成長形就可入鍋煎，比較適合一般家庭製作。

材料〔以下分量做出來很多，可以減半使用〕

- 450g瘦豬絞肉
- 450g瘦牛絞肉
- 200g肥肉丁
- 300g新鮮麵包屑
- 1/2個檸檬皮
- 1大匙肉豆蔻粉
- 1大匙新鮮切碎的綜合香草
- 1大匙新鮮切碎的鼠尾草
- 1顆蛋
- 麵粉適量

1.

2.

做法

1. 將所有材料除麵粉外一起用食物處理機打勻（也可用手攪拌）。
2. 取出在桌面灑麵粉，整型成一個長條。
3. 分段切成長條段。
4. 不沾鍋中熱少許油，以中火將肉腸煎成金黃熟透即可。

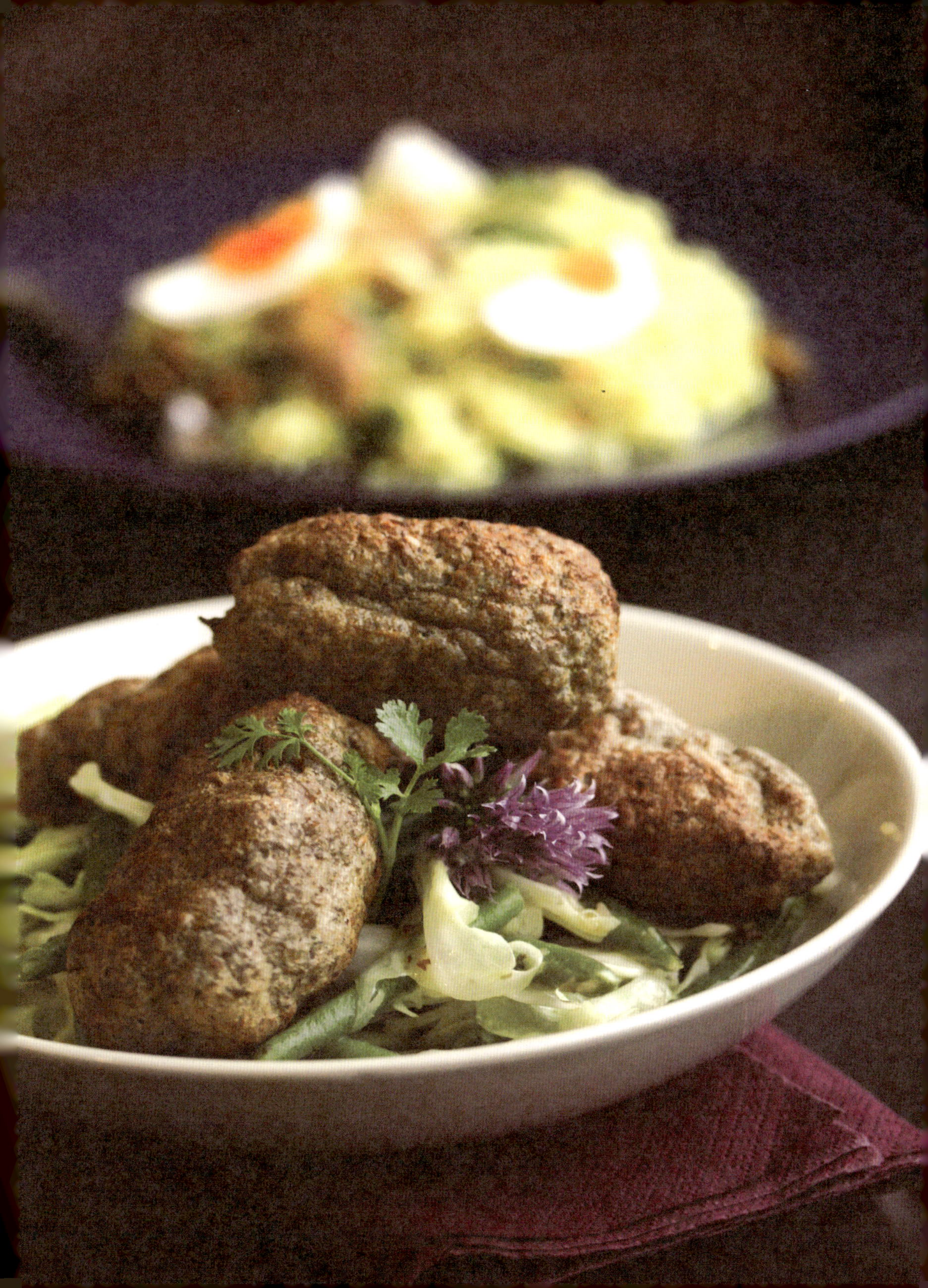

英國最大咖哩之路
羅斯宏的印度菜、甜食與中東點心

　　曼城有將近11%的人口屬於印度及巴基斯坦的南亞種族，雖然倫敦與其他地方也有相當多的印度中東聚落，但位於曼城的羅斯宏（Rusholme）則是英國最大最密的印度餐廳聚集處，也有許多中東文化與飲食，是個相當有特色的地區。

　　羅斯宏有英國最多的南亞（印度、巴基斯坦、孟加拉）餐廳，以羅斯宏為中心，延伸至整條威爾斯洛路（Wilmslow），櫛比鱗次林立著70家餐廳、外賣店和串烤店，因此被封為「咖哩之路」（Curry Mile），據說是世上除了印度外有最多印度餐廳的地方了，另有許多巴基斯坦、斯里蘭卡、孟加拉菜餐廳可供選擇。

　　說到咖哩，很多人可能想到的是以日式咖哩塊煮出的牛肉或馬鈴薯，但咖哩其實是一種料理法的總稱，是由多種香料如小荳蔻、黃薑粉、薑、蒜等，加上多種蔬菜或肉類，調配出由酸到甜、從柔滑到辛辣口感的各式有汁醬料配菜，肉類以各式海鮮和羊、雞肉居多；而因為宗教因素，信仰印度教或伊斯蘭教的印度菜中，即不見牛肉與豬肉咖哩。據說印度人從早到晚一天三餐都吃咖哩，製作咖哩從一大早就開始，先將咖哩香料磨碎爆香，再燉煮一整天，所以家裡都彌漫著香料或是菜肉香，只要隔壁住著印度人家，咖哩的味道必定徹底入侵你家大小房間。不過香料下得多，並不表示味道重，真正好吃的印度菜，並不會讓人有無法消受的感覺。在印度朋友家吃過家常印度菜，味道相當溫和，香料的運用很恰當。印度咖哩的成功祕訣在於香料的調配，而非炫麗複雜的烹調技巧，咖哩的本質強調的就是個人風格與獨創性，就是因為香料與所配

食材的豐富多元，才有了口感上多層次的細緻變化，發揮空間相對也變大。所以，真正的咖哩大師，就是懂得掌握香料調配訣竅的味覺大師。

印度曾是英國的殖民地，英國結束殖民統治後，也把印度料理的烹調習慣帶回大不列顛。曾有人說：全世界除印度外，就屬大不列顛的印度料理最為地道了！由此可見印度料理在英國的地位。在英國連Pub也吃得到印度咖哩，很多則是被改過的英式印度菜，其中有道Chicken Tikka Masala，名字聽起來像印度菜，做法也很類似，卻是經英國人改造過的印度菜，而且還非常受歡迎呢！

羅斯宏的威爾斯洛路充滿異國風情，但很多人不知道這條街葫蘆裡到底賣什麼藥，害怕嘗試之下而錯過了嘗鮮機會。特別是這裡的東西所費不多，卻可以吃到分量豐富也道地的食物。

{英國最大咖哩之路}　羅斯宏的印度菜、甜食與中東點心

1.	3.
2.	

1. 中東餐廳的阿拉伯文招牌。　2. 咖哩之路到處可見賣中東水煙壺的店面。　3. 咖哩之路上滿是印度與中東餐廳。

比如說這條街上到處都有Kebab House。Kebab通常是指各種肉類海鮮串起碳烤,切下後隨番茄、生菜葉包入餅皮一起吃的食物,屬於中東或南亞菜,如土耳其、波斯、伊拉克、阿拉伯、高加索、中南亞等地。如果Kebab上標有Halal字樣,就表示他們的肉是以伊斯蘭教方式屠宰,放過血並以宗教方式潔淨過,可是伊斯蘭地區不吃豬肉,所以標有Halal的Kebab店是不會有豬肉的。

　　Kebab也分很多種,比如較常見的有Shish Kebab,Shish的土耳其語意思是「烤肉叉」,也就是各種肉類加上青椒、洋蔥、洋菇之類的蔬菜串在一起碳烤。 另一種Döner Kebab就很像台灣路邊看得到的「中東沙威瑪」,可是吃法不同。Döner Kebab意思是「轉圈圈肉串」,也就是那一大串肉叉在一根大鐵柱上,不斷旋轉下將肉炙熟,吃的時候將肉削下來捲進餅中,再淋上芝麻做的Tahini醬汁、鷹嘴豆做的Hummus醬或優格醬一起吃。Kebab在中東叫Shawarma,希臘叫Gyros,據說Döner Kebab是歐洲賣得最好的速食,因為方便又快速,特別是濕潤肥瘦的肉淋上香滑有味的醬汁,配上現烤的手工餅和新鮮的蔬菜,吃上一個就能大大滿足飢腸轆轆的胃。

1.
2.
3.

1. 中東Shish Kebab,圖為羊肉串。
2. 中東Kebab店中的產品品項和價目表。
3. 中東Kebab店招牌,特別強調是以陶土及炭火做的烘烤窯來烤肉與烤餅。
4. 做印度烤餅的廚房。
5. 烤好的一疊疊印度餅。

4.

5.

　　除了中東印度的烤餅和烤肉串，另有印度的甜點，我覺得非常值得一吃！這是一種讓人又愛又怕，又讓人裹足不前不敢嘗試的東西。因為印度甜食又是有名的甜，而一般人看到如此鮮豔的顏色和形狀各異的點心，通常滿是懷疑而不敢嘗試。

　　印度人的「甜牙齒」是眾所皆知的，甜點與糖果，是印度文化的一部分，多以牛奶等乳製品為基底材料，種類多得讓人吃驚，名字從印度的Kheer、Gulab、Jamum到孟加拉的Chum Chum、Rasgulas，分也分不清。而印度冰淇淋Kulfi，是以芒果或玫瑰做成，也讓人印象深刻。特別是吃下又香又辣的印度咖哩後，這些甜點彷彿能夠幫助消化，中和火熱的胃。

　　印度的甜食多半以葡萄乾、杏仁、開心果、腰果等來製作或點綴，如Mithai用很多芒果、番石榴、鳳梨、西瓜、櫻桃、橘子和香蕉來製作。威爾斯洛路上就有好幾家這樣的甜食店，其中一家做得特別好，店中製作點心的師父自信滿滿，我為他拍照時他堅毅的眼神，跟這些融化人心的甜點形成強烈對比呢！我買了一個有銀箔點綴的菱形甜點Kaju Katri，是腰果磨成粉後與奶製品混合做的，粉如上海綠豆糕，卻是奶香濃郁，入口即化。另外幾種顏色鮮豔的甜食則以奶粉、奶油、無花果等做成，雖然很甜，卻出乎意料的好吃，配上一杯香濃的印度奶茶，好不享受！

1. 2. 3. 　1. 眼神堅毅的印度甜點師傅。　　2. 中東甜點師傅專心炸著蚊香形狀的甜油條點心。　　3. 琳瑯滿目的印度甜點櫥窗。
4. 5. 　4. 無花果做的甜點。　　5. 三色甜點，但店家強調是以天然成分做出的顏色。

　　來到英國除了吃傳統英國菜外，印度咖哩也不應錯過。英國很多地方都能找到好吃的咖哩；不好吃的咖哩味道重鹹且太嗆，香料使用不平衡會讓咖哩變得難以入口。羅斯宏有幾家咖哩餐廳有口皆碑，如Al Bilal、Al Nawaz、Shere Khan，但我們最喜歡的一家是2007～2008年蟬連「最佳英國西北印度餐廳」的Indian Ocean，雖然不在羅斯宏，仍值得驅車前往。這家餐廳很平價，平均一人用餐15英鎊左右，餐廳的裝潢和用餐氣氛頗佳，服務人員親切有禮。

　　菜系融合現代印度風和傳統印度菜，選擇不少。上菜前若你點了一種有著波浪邊緣、跟臉一樣大的印度薄脆餅Poppadam，店家會免費奉送上一個大銀盤，盤中會有至少六種以上的醃漬小菜和洽特尼醬，有醃漬的生洋蔥、燉煮的茄子醬、芒果洽特尼醬等，讓你配著蝦餅般香味的Poppadam共食，小菜有的辛酸嗆辣無法入喉，有些則香甜可口。吃了這些重口味的小菜，真的會刺激味蕾大大開胃！

　　我們的前菜是各色海鮮拼盤，外表紅通通的碳烤大蝦，以優格醃過使海鮮肉質柔軟，配以多種香料及少許紅椒粉調味，再串在鐵枝上放入窯中烤，這種做法叫做Kathi Kebab，做得不好常會烤過頭而乾澀難嚥，但這家的海鮮碳烤，烤過肉汁仍保留，加上炭火香，十分好吃。

由左至右．入口即化的燉煮羊膝；前菜是各色海鮮拼盤，外表紅通通的碳烤大蝦；The Indian Ocean Restaurant內部的裝潢。

　　主菜是印度的Raan-e-khyber，也就是以番茄、洋蔥、薑蒜等調製醬料，佐以燉煮柔軟可口的羊膝，羊膝的筋骨化成軟綿的甜汁，醬料微辣帶甜，融化在齒舌之間，好吃極了！另一道是較傳統的Biryani，可說是印度式的西班牙燉飯，做法類似，飯中加入各種肉類與海鮮，加上香料調味，一起以高湯燉煮至飯粒吸收了食材的精華，煮好後仍顆粒分明，帶著彈性的飯粒再配以各種開心果、腰果、葡萄乾，一口飯即能吃到五種以上的香料與配菜，微辣卻不嗆，佐以附帶的酸甜蔬菜泥，是道滋味豐富的拌飯。我們另點了廚房現做的特色印度Kulgha餅，Q軟帶勁，上面的芝麻與奶油香伴著麵皮香，沾著醬料共食，正如菜單上所說的：一試就會愛上！

　　曼城有全英最大的咖哩餐廳聚集地，是嘗試異國料理、挑戰味覺極限的好地方。有機會來到曼城一遊，各式烤肉捲餅、咖哩屋與甜食店，都是不容錯過的美食。

The Indian Ocean Restaurant
- 83 Stamford Street East, Ashton-under-Lyne, Lancashire, OL6 6QH, UK
- + 44（0）161 343 3343
- http://www.indianoceanonline.co.uk/
- 週一至週四5:00pm~11:00pm，週五至週六5:00pm~午夜，週日3:00pm~10:30pm

Al Bilal
- 87-89, Wilmslow Rd, Manchester, Lancashire M014 5SU, UK
- + 44（0）161 257 0036
- 週日至週四12:00pm~12:00am，週五至週六12:00pm~1:00am

Shere Khan
- Unit 1, Ifco Centre, 52 Wilmslow Rd, Rusholme, Manchester M14 5TQ, UK
- + 44（0）161 256 2624
- 週一至週五10:00am~午夜，週六9:00am~午夜，週日11:00am~午夜

中東烤大餅

小·熊·的·英·國·味

中東與印度這一帶很多食物都是捲上以陶窯烤出的餅吃的，
而這些餅做法大同小異，不外乎就是水和麵粉，
再添加一些香辛料或香草而有所不同。
中東餅有時會加入葛縷子（Caraway Seed）在麵餅中，
葛縷子狀似彎月，略帶水果芳香，咬碎後卻又有檸檬皮的苦澀感，
又有些八角味，在台灣不易取得，故使用黑芝麻代替；
芝麻在印度餅中也常被運用，用來做餅好吃又有特色。

材料〔成品約5個〕

- 1個蛋
- 20g固態優格
- 10g橄欖油
- 80g水
- 300g麵粉
- 4g速發酵母
- 20g黑芝麻

做法

1. 將所有材料按食材順序一起放進麵包機中，設定麵團功能，至堅果放入聲響起時放進芝麻，直至麵團完成。
   （也可用手攪拌至均勻光滑，蓋上濕布做初步發酵50分鐘。）
2. 麵團完成時柔軟光滑濕潤有彈性。
3. 分成五個小團，壓成約1cm的餅狀，靜置15分鐘鬆弛。
4. 加熱平底鍋，鍋熱時將麵餅「甩」到鍋中，立刻轉中火。
5. 一面煎約2分鐘，至兩面都金黃時，即可取出，趁熱與烤肉生菜等共食。

我恨炸魚薯條

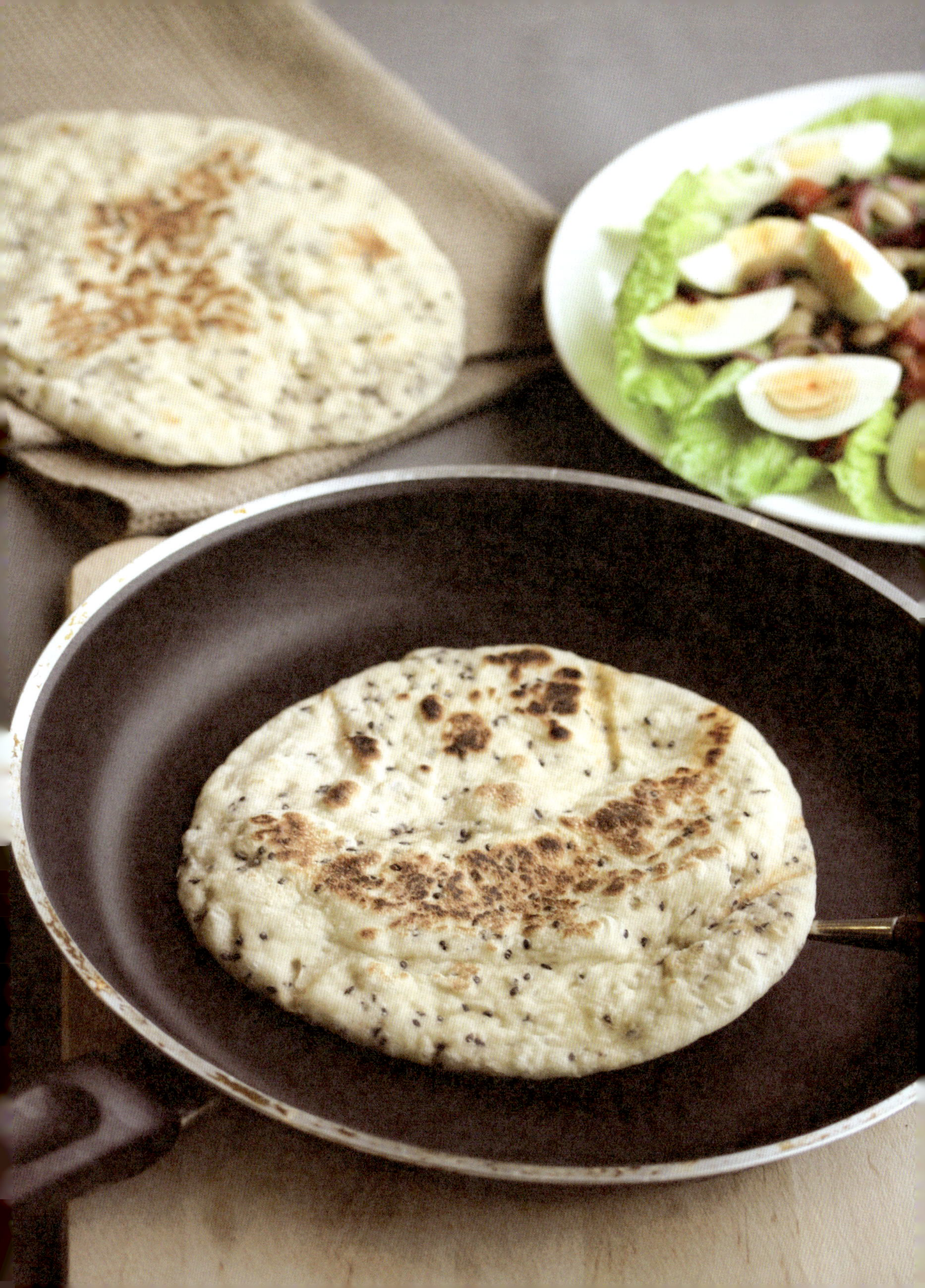

湖區
坎布里亞的捲心香腸與太妃糖

　　湖區（Lake District）是英國非常著名的觀光勝地，美得如人間仙境。湖區所在的坎布里亞（Cumbria），與蘭開夏毗鄰，跟西北區的飲食傳統很接近，但還是有些很特別的食物。

　　這地區最有名的大概就是坎伯蘭香腸（Cumberland Sausage），光看名字就知道是這個地方的產物。這種香腸最特別的地方在於它的外型，其他種類的香腸都是一截一截的樣子，坎伯蘭香腸卻是一整捲，較小的如手掌大小，大的則是「一整大盤」，重達兩公斤，煎烤時也刻意不讓它散開，上桌時就像一盤蚊香似的捲起。另種有名的肉品叫坎伯蘭火腿（Cumberland Ham），是以乾醃（dry-cured）方式製作，以鹽與黑糖醃漬入味，風味特殊。此外，牧羊人派（Shepherd's Pie）也是這一帶的特色菜，因為這裡多沼澤、林區，是培育各種野生動物的溫床，比如有種叫Derwentwater的野鴨就很著名，與柑桔、檸檬、紅醋栗、波特紅酒一起煮出的坎伯蘭醬（Cumberland Sauce）味道很搭。

1. 湖區美如仙境的湖光山色。
2. 湖區的特色食物：捲心香腸。
3. 湖區知名肉店Sillfield Farm。

　　我們曾在這區的一家肉店Sillfield Farm買到品質很好的肉品。這家店位於湖區山上相當荒僻的地方，若沒有GPS還真不容易找到。這家肉店最特殊的地方就是所有肉品都是自家農場養出的牲畜所產，而且對各種肉類的製作技巧傑出，甚至還教過名廚奧利佛怎麼製作香腸，產品也外銷至巴塞隆納和佛羅倫斯。

　　他們專賣一些特別美味品種的豬隻，如Saddleback、Gloucester Old Spot、Middle White，飼養的Wild Boar野豬也很有名。接待我們的店主彼得說他們的野豬都是自由放養在後面農場，後來我們去看了，果然有幾隻鬃毛粗厚的野豬在外閒逛。店中的肉類都整理得很乾淨，懸掛著幾隻自己燻製的整支豬腿（Gammon Steak）。我們問店主野豬和一般豬有何不同？他告訴我們野豬肉的皮層底下，比其他豬

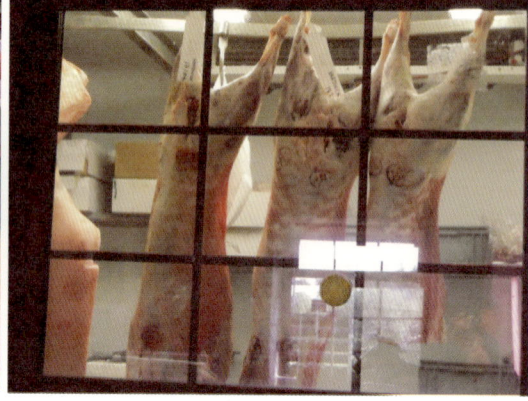

1. 2. 3.
4. 5.
1. 接待我們的Sillfield Farm肉店店主彼得。
2. 店裡販售的野味「獵人派」。
3. 野豬肉派，上面綴有調味的水果櫻桃。
4. 店中琳瑯滿目的肉品。
5. 店裡懸掛著自家燻製的整支豬腿以及宰殺好的野豬。

　　多了一小層脂肪，而這脂肪則是肉類美味好吃的關鍵。他們將野豬做成義大利火腿（Wild Boar Prosciutto），非常受歡迎。這家店還有自己的煙燻房、乳酪儲藏室，並烘烤自家做的派。

　　我們離開時買了野豬做的肉派吃，肉質真的很好！野豬通常有股強烈的味道，但這個肉派沒有，散發香料味，鹹度也剛好，吃的時候還可看見完整的肉塊而非絞碎的肉，確實很好吃。我們還買了野豬做的坎伯蘭香腸，與肉派一樣有著扎實口感，並帶有微微辛辣的胡椒味，是香味來源。

　　嘗過他們的東西才知名不虛傳，難怪有人說到了坎布里亞，一定要去他們店裡走走才不算白去湖區。位於深山的這家店依然門庭若市，真的不簡單。

我恨炸魚薯條

Beyond Fish & Chips _180

此外，許多有名的糖果也在蘭開夏和坎布里亞發明，像英國有名的太妃糖，其中的黑糖蜜太妃（Treacle Toffee），又叫「利物浦太妃」或「珮琦的腿」（Liverpool Toffee or Peggy's Leg），是用深淺兩色的太妃糖捲在一起，再切成塊。另一種Everton Toffee則是加了檸檬的較酸口味。而在坎布里亞有家非常不起眼的太妃糖專賣店才真的是珍品！

　The Toffee Shop位於彭里斯鎮（Penrith），店中乾乾淨淨的，幾乎不見「糖的蹤影」，只掛了一些英國女王、查爾斯王子與安妮公主蒞臨的照片，以及查爾斯王子頒授的獎牌。

　原來這家店早在1910年就開始做太妃糖，向來是皇室的最愛。後來慘遭祝融，大家再也買不到好吃的太妃糖，重建後即由查爾斯王子親自來為它揭幕，重新開張，後來還榮獲英國前五十大小店的獎項。

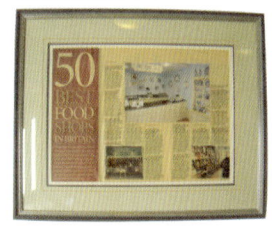

1. 太妃糖店中掛有查爾斯王子頒贈的獎牌。　2. 女王與王室成員蒞臨的紀念照片。
3. 太妃糖專賣店的外觀和店招。　4. 太妃糖店中幾乎不見糖的蹤影，只有幾面裝飾用的藍磁盤。

{湖區} 坎布里亞的捲心香腸與太妃糖

1. 2. | 3. 4.

1. 太妃糖店裡的可愛女店員安妮。
2. 櫃檯放了一籃供人試吃的太妃糖，有原味和巧克力口味。
3. 古老的糖果店The Corner Shop。
4. 玻璃罐裝著各式糖果，口味多得讓人眼花撩亂。

　　這家店的「工廠」即是店面後頭的廚房，都是小量的手工生產。他們在櫃檯放了一籃試吃的太妃糖，有原味和巧克力口味，我們試吃了一小塊，是軟式的糖，而非其他地方吃到如石頭般堅硬的太妃糖，既不黏手也不膩口，剛入口時會覺得非常甜，可是不一會兒，這樣的甜就化成一股純濃的蜜糖奶香汁液，服貼在口腔形成一層甜美的溫床，讓你在口舌之間都充滿太妃糖的柔情蜜意。

　　不過在英國，只要與皇室扯上關係的東西都不便宜，這個太妃糖就是如此。小小一盒，兩片大塊太妃糖，比25袋裝的紅茶袋茶盒還小，就要價七英鎊。那時為了想給在美國姊姊們當禮物而買了一盒，姊姊一家人吃過都視為珍品！姊夫本來獨鍾硬太妃糖，吃過這家便對太妃糖有了全新觀感，才知道英國的太妃糖實在好吃。

　　此外在湖區還有Kendal Mint Cake很出名，可是這個「蛋糕」並非真的蛋糕，而是一種薄荷口味的糖，據說這種糖的支撐力很強，很適合登山健行的人吃。在The Toffee Shop店中也有販賣。

彭里斯鎮還有一家很老的糖果店The Corner Shop，以玻璃罐裝著各式糖果，口味多得讓人眼花撩亂，是很多英國人童年的回憶。這家店很像我們小時候買糖果的柑仔店，有股古早的懷舊氣息，是喜歡糖果甜食人的好去處。

另一種有名的甜食是薑餅，尤其是格拉斯米爾鎮（Grasmere）的莎拉‧尼爾森（Sarah Nelson）的薑餅，這個餅從1854年就開始做了，到現在還沒有人能破解她好吃食譜的祕訣。當地人推薦的吃法是配上耶誕節喝的香料甜紅酒，或是烘熱了加上蘭姆酒味道的奶油最好吃。

1. 莎拉‧尼爾森的薑餅是湖區著名甜食。
2. 莎拉‧尼爾森薑餅的藍色印花包裝。
3. 湖區的特色口味奶油：蘭姆奶油。
4. 百年老店James & John Graham Family Grocers，店中賣有巨大的陳年乳酪和整支風乾火腿。
5. James & John Graham Family Grocers的古董磨咖啡豆機。
6. 位於格拉斯米爾鎮的莎拉‧尼爾森薑餅小屋。

　　而這個蘭姆奶油（Cumberland Rum Butter）是這裡才有的特色口味奶油，只有在湖區少數地方才買得到。蘭姆奶油是用巴貝糖（Barbados）和香料、蘭姆酒做成，耶誕節時在商店才可見到。傳統上，蘭姆奶油是新生兒誕生時才做來慶祝的食物，奶油吃完時，在空奶油罐中放進一個銅板，希望孩子將來可以像這個黏住奶油的幸運銅板一樣，有個豐盛快樂的人生。

　　鄰近The Toffee Shop，有家百年老店James & John Graham Family Grocers，店中不但有蘭姆奶油，也有白蘭地口味的奶油。這家食品雜貨店頗具特色，有台古董磨咖啡豆機，彷彿在店裡可看到穿著蓬蓬裙購買雜貨的舊時婦女呢。這家店也販售巨大的陳年乳酪和整支風乾火腿，還有當地風味的特色熟食，如Richard Woodall依傳統古法做的坎布里亞培根，Claire的坎布里亞洽特尼醬，還有Cartmel所產、英國人很愛的潤糖太妃布丁（Sticky Toffee Pudding）。舉凡湖區的特色商品，在這家店都可見到。

　　湖區不但有絕佳的風景，也有味美讓你如置身仙境的食物，到此一遊，相信會是身心靈皆滿意的旅遊經驗喔！

The Toffee Shop
- 7 Brunswick Road, Penrith, Cumbria, CA11 7LU, UK
- + 44（0）1768 862008
- http://www.thetoffeeshop.co.uk/

Sillfield Farm
- Endmoor, Kendal, Cumbria, LA8 OHZ, UK
- + 44（0）15395 67483
- http://www.sillfield.co.uk/
- 商店週四至週六10:00am~5:00pm，週日10:00am~4:00pm

James & John Graham Family Grocers
- 6-7 Market Square, Penrith, CA11 7BS, UK
- + 44（0）1768 862 281
- http://www.jjgraham.co.uk/

The Grasmere Gingerbread Shop
- Chuch Cottage, Grasmere, Ambleside, Cumbria, LA22 9SW, UK
- + 44（0）1539 435 428
- http://www.grasmeregingerbread.co.uk/
- 週一至週六9:15am~5:30pm，週日12:30pm~5:30pm

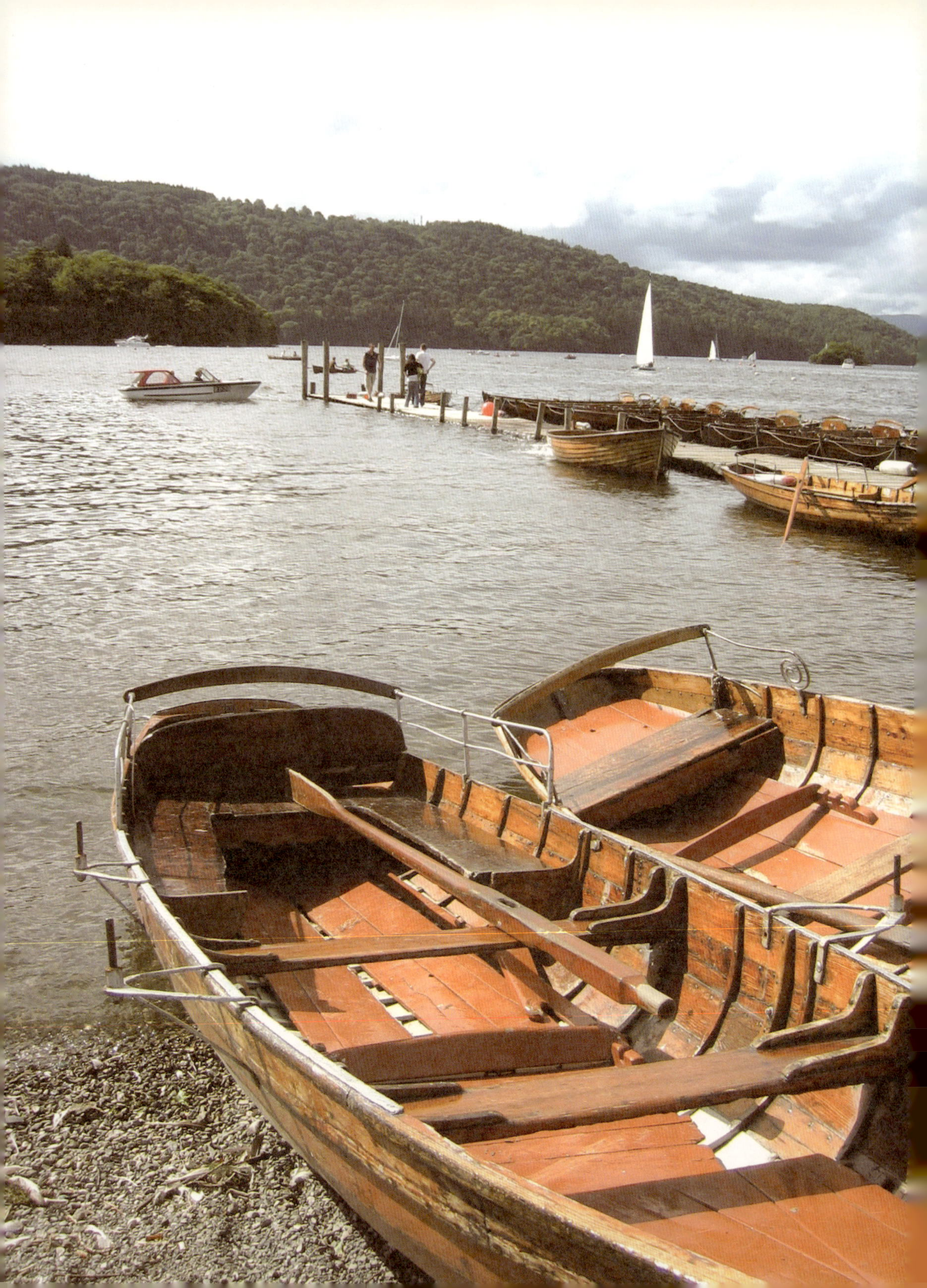

湖區最大的溫德米爾湖（Lake Windermere）。湖裡棲息成群天鵝，小舢板停泊岸邊。遊客如織，風景迷人。

我恨炸魚薯條

Beyond Fish & Chips _188

坎布里亞香腸佐馬鈴薯泥

英國人吃香腸多配馬鈴薯泥,吃法很簡單,
最多就是用肉汁粉調出的肉汁一起佐餐;
這個肉汁是英國人的最愛,
若是沒有也可以自己從洋蔥開始做,並不難。

材料〔兩人份〕

- 2捲坎布里亞香腸
- 2個馬鈴薯去皮切塊
- 50g牛奶
- 2個紅洋蔥切絲
- 2大匙麵粉
- 4大匙奶油

做法

1. 先將馬鈴薯煮熟,與兩大匙奶油、牛奶、鹽與胡椒一起打成泥。
2. 鍋中熱剩下的奶油,慢火將洋蔥炒至軟化。
3. 加入麵粉炒香。
4. 慢慢加入牛肉高湯或蔬菜清湯,煮至呈現濃湯狀。
5. 將香腸煎熟,佐以馬鈴薯與肉汁共食。

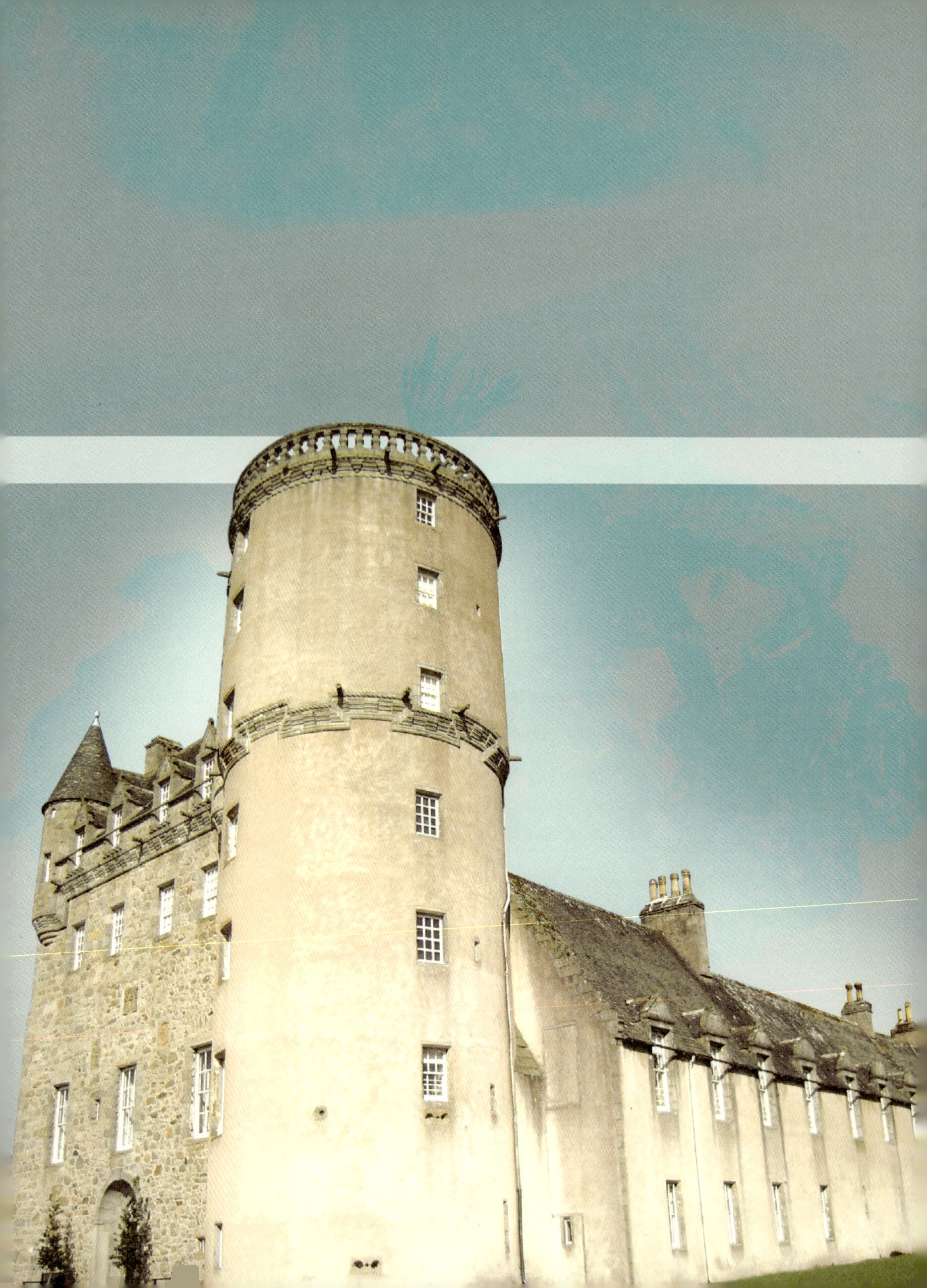

Part 4　Yorkshire & Scotland

英國北部：約克夏、蘇格蘭

Scotland

Yorkshire

約克夏
神的國度，美食的溫床

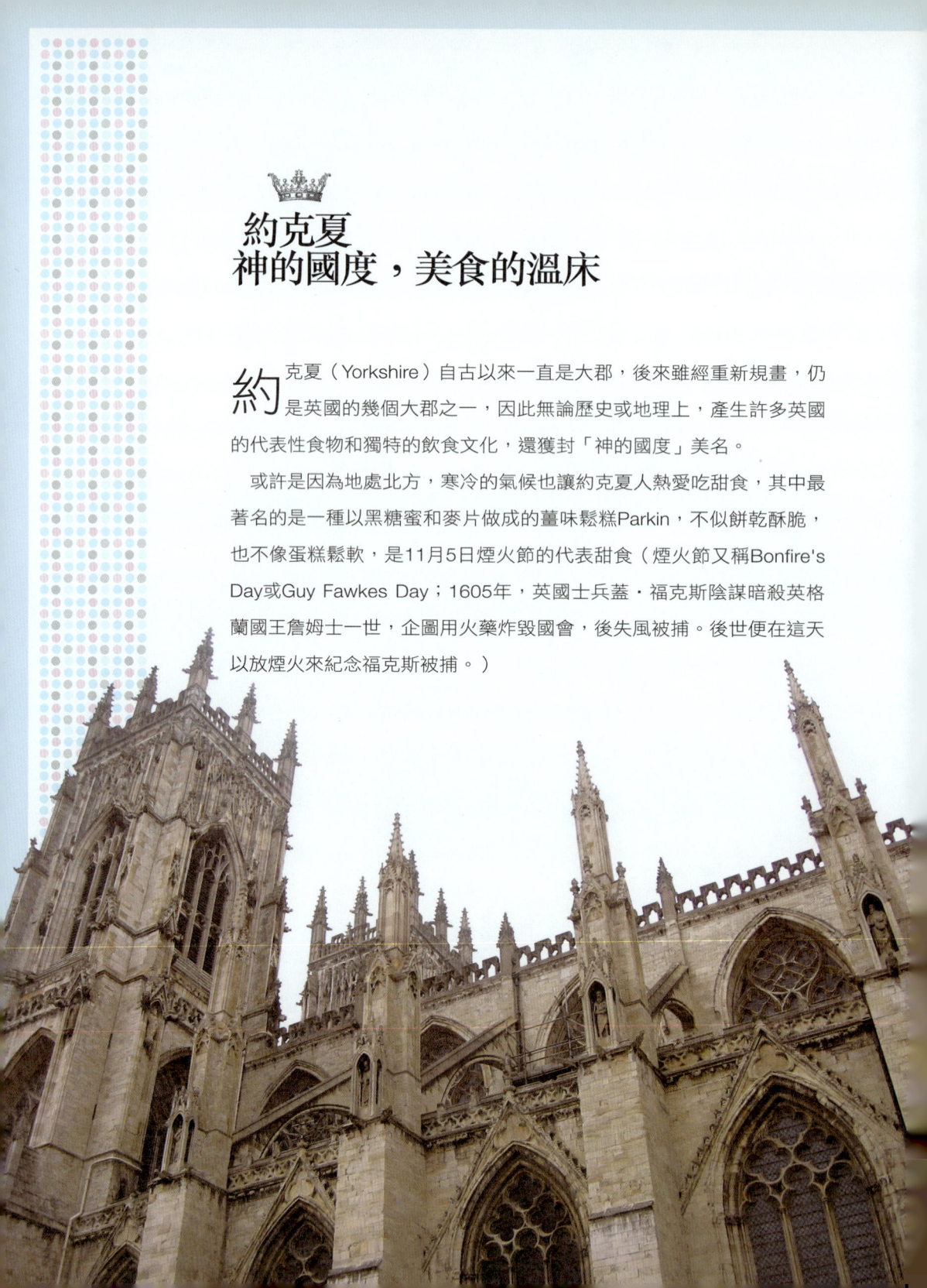

約克夏（Yorkshire）自古以來一直是大郡，後來雖經重新規畫，仍是英國的幾個大郡之一，因此無論歷史或地理上，產生許多英國的代表性食物和獨特的飲食文化，還獲封「神的國度」美名。

或許是因為地處北方，寒冷的氣候也讓約克夏人熱愛吃甜食，其中最著名的是一種以黑糖蜜和麥片做成的薑味鬆糕Parkin，不似餅乾酥脆，也不像蛋糕鬆軟，是11月5日煙火節的代表甜食（煙火節又稱Bonfire's Day或Guy Fawkes Day；1605年，英國士兵蓋‧福克斯陰謀暗殺英格蘭國王詹姆士一世，企圖用火藥炸毀國會，後失風被捕。後世便在這天以放煙火來紀念福克斯被捕。）

1. | 2. 3. 4.
1. 全歐最大哥德式教堂：約克大教堂。
2. 加入蛋與糖製作的約克夏凝乳塔。
3. 以黑糖蜜和麥片做成的薑味鬆糕Parkin。
4. 市場上豐盛的魚類。

　　約克夏因濱臨北海而有許多漁獲，而英國的國民食物炸魚薯條，就是起源於這裡。炸魚薯條一直是許多英國人心目中的最愛，特別是裹魚的粉漿做法更是眾多受歡迎店家的最大祕密。傳統的做法是放在牛油裡炸，並要配上搗成泥的綠豌豆，才是最正統的吃法。據說英國最有名的炸魚薯條連鎖店Harry Ramsden's，其食譜就高價賣給日本公司，因此在日本也有英國的Harry Ramsden's連鎖店。

　　約克夏也盛產牛奶，用牛奶凝結後的新鮮乳酪（Curd），加入蛋與糖製作的約克夏凝乳塔（Yorkshire Curd Tart）也很有名。還有一種Wensleydale乳酪，一般喜歡配上蘋果塔一起吃，也是這裡很有特色的吃法。

　　說到約克夏，一定也別忘了以地名命名的「約克夏布丁」（Yorkshire Pudding），這種布丁口感類似沒有夾餡前的空泡芙殼，與我們印象中的雞蛋布丁甜點大不相同，是配烤肉餐吃的主食。這道特別的食物將在〈星期日烤肉餐與約克夏布丁〉一文中詳加介紹。

　　而北約克夏首府約克市（York），是個現代與傳統兼容並蓄的地方，除了現代化的城市風貌，還保留過去受羅馬人統治的歷史遺跡，擁有全歐最大哥德式教堂約克大教堂和學術風氣鼎盛的約克大學，豐富的人文風情，十分值得一遊。

〔約克夏〕神的國度，美食的溫床

Part3 _193

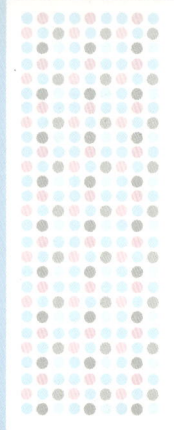

貝蒂茶屋
英國精緻下午茶

英國的烘焙與甜點多用高品質的原料製作，像約克這家歷史悠久的「貝蒂茶屋」（Bettys Café Tea Rooms），即可找到各式知名的英國甜點與麵包，還有歐洲各種點心和巧克力，選擇豐富，手藝精緻，視覺和味覺上都美不勝收。

貝蒂茶屋1919年就開始營業，不但有自己的烘焙房，還設立烘焙烹飪學校。這裡可以吃到非常道地的英式下午茶，有300種以上的麵包與點心、50種以上的茶與咖啡可供選擇。精緻優雅的環境中，侍者們穿著如昔日貴族管家的白襯衫和黑背心服務賓客。悠閒的下午，啜飲一杯印度紅茶，配上各式鹹甜午茶點心，能夠感受到過去上流社會愜意的生活方式。

如果在英國看到一個區域內有很多家漂亮茶屋，那麼八九不離十，這個地區通常頗為富裕。貝蒂茶屋一共有五家分店，總店則位在約克夏的漂亮小城哈羅蓋（Harrogate），周遭都是些滿有特色的精品店和服飾店。茶屋對面，就是一片綠意盎然的蒙彼利埃（Montpellier）花園休憩區，坐在店中欣賞窗外美景，極為享受。而櫥窗展示的各種甜點和麵包蛋糕，更是讓人還未嘗到就先大飽眼福。

我們抵達的時候，正是最熱門的禮拜六下午時段，門口排著長長的人龍等著入內。侍者先讓我們看菜單，餐點有最傳統的英式早餐、炸魚薯條、英式烤肉等。至於茶的部分，從最傳統的英國茶到印度大吉嶺，再到各種中國極品茶，應有盡有。茶屋與英國相當著名的茶工廠Taylor's是關係企業，因此也販售自家生產製作的茶葉，例如來自中國的玉露

貝蒂茶屋一共有五家分店，總店位在約克夏的漂亮小城哈羅蓋。

白茶（Yu Luo）、錫蘭的藍寶石茶（Blue Sapphire），這種茶加了藍色的玉米花瓣，喝起來有股蜂蜜的清香，還有來自喜馬拉雅山林家莊園（Lingia Estate）的大吉嶺茶，都是不易見到的茶品，值得一試。

　這裡還有英式、瑞士、法式餐點，如瑞士的馬鈴薯絲煎餅和義大利的煎蛋餅，但來這裡當然要吃這裡著名的下午茶。午茶餐點包括：煙燻蘇格蘭鮭魚、約克夏火腿、雞胸肉、蛋與美乃滋拌的沙拉等四款迷你三明治、兩個葡萄乾司康餅配上草莓果醬與凝乳奶油，加上四款迷你特色蛋糕。另有50英鎊的雙人午茶組合，除了茶之外再加上一瓶Moët & Chandon香檳酒。

　我們只點了約克夏奶油午茶組合（Yorkshire Cream Tea），所謂的Cream Tea英國到處都有，並非指一壺加了鮮奶油的茶，而是套餐的名字：意指一壺紅茶加鮮奶，再搭配兩個司康餅與凝乳奶油。即便是這樣簡單的午茶，服務上仍一點都不馬虎。紅茶是用沉甸甸的銀質壺盛裝，附上一壺熱水以便自行添加，講究的濾茶網、銀匙、方糖塊，茶杯則是純白的骨瓷，深紅的茶湯灩灩，映著窗外的綠地與陽光。兩個司康餅整齊對半切好，並排放在上下兩層點心盤上，最下一層是一盅裝填滿滿的果醬與凝乳奶油。

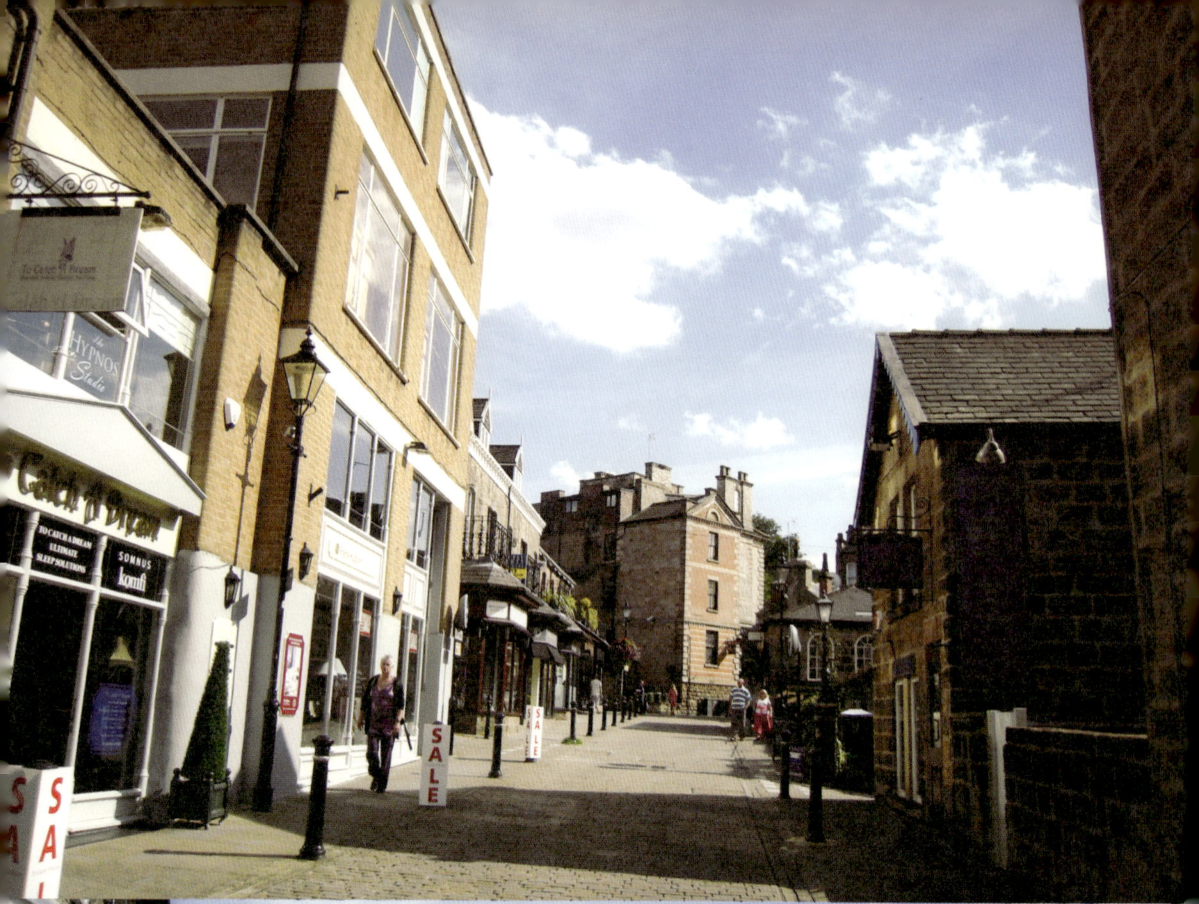
The HYPNOS Studio
SOMNUS
komfi
SALE

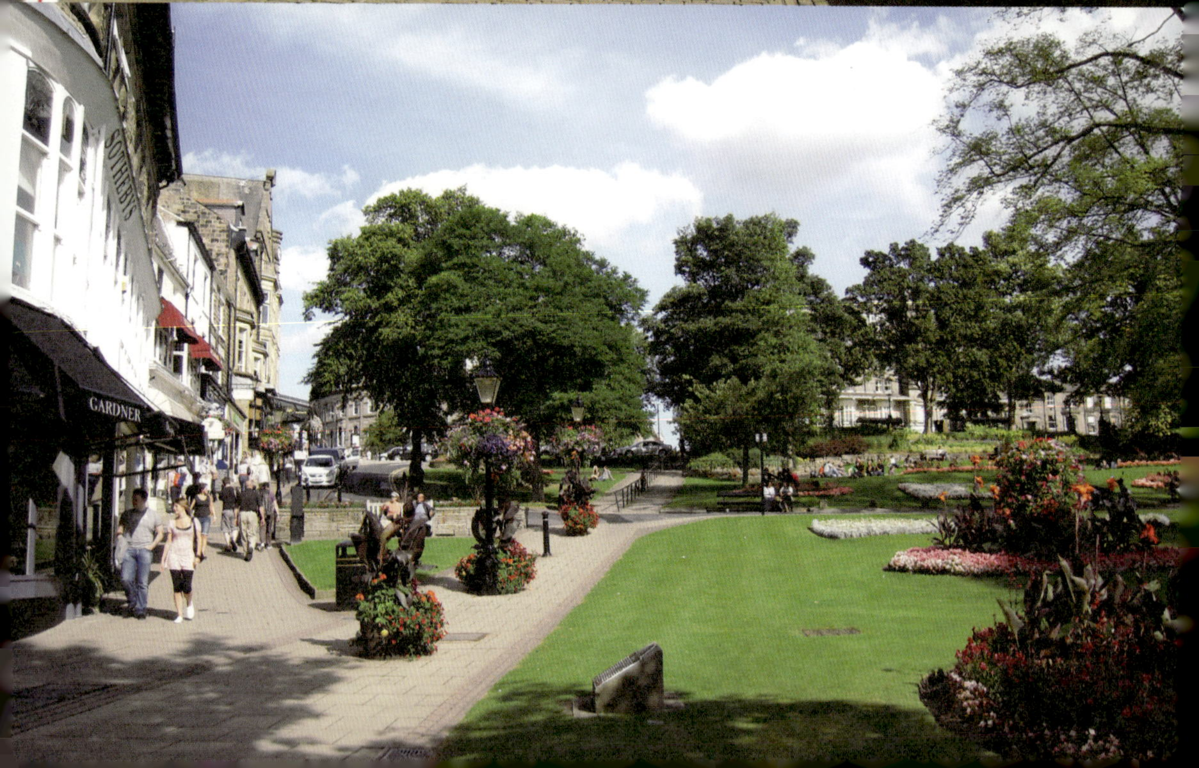
SOTHEBYS
GARDNER

1. 哈羅蓋街上林立的精品店和服飾店。
2. 茶屋對面,就是一片綠意盎然的蒙彼利埃花園休憩區。
3. 約克夏奶油午茶組合。
4. 吃的時候取一半切好的司康餅,抹上「大量」奶油與果醬。
5. 紅茶是用沉甸甸的銀質壺盛裝,附上一壺熱水自行添加,茶杯則是純白的骨瓷。
6. 貝蒂茶屋各種老式的泡茶壺器。

| 1. | 3. | 4. | 6. |
| 2. | | 5. | |

　　品嘗司康餅、果醬與凝乳奶油時,千萬不要將三者夾成三明治狀,吃的時候取一半切好的司康,抹上「大量」奶油與果醬,像吃開胃小點般從邊邊咬下,吃完一半再吃另一半。這樣吃的目的是為了顧及優雅形象與口腹之欲,因為若將司康餅夾成大漢堡狀,不但無法夾入許多餡料,吃的時候上下一咬,所有內容物都從兩側溢出,不但手與嘴都沾上醬汁,還可能滴灑得到處都是,浪費了美味的凝乳奶油。雖然是簡單的Cream Tea午茶,還是有不少細節要注意呢。

　　來茶屋除了喝茶,逛逛他們的Café Bar與烘焙品也是重頭戲。有用杏仁糖衣包裹做成的各種顏色與造型的水果蛋糕、巧克力餅乾、覆盆子馬卡龍、水果小塔、接骨木花做的蛋糕等,琳瑯滿目。此外還可買個約克夏特有的凝乳塔嘗嘗,這是以牛奶凝結出的新鮮乳酪,加上蛋與小顆葡

〔貝蒂茶屋〕英國精緻下午茶

約克夏凝乳塔

萄乾做成的甜點，可說是英式起士蛋糕。凝乳塔吃起來偏甜，不像一般起士蛋糕滑順濃郁，卻有股淡淡奶香，裡面的凝乳呈顆粒狀有嚼感，淡淡的檸檬皮清香，吃來樸實無華。英國大概只有約克才買得到這個甜點了。

　　約克是個有歷史文化的古都，有看不盡的宏偉建築，有大都市該有的熱鬧氣息，卻不似倫敦的三教九流、龍蛇雜處般讓人疲倦，很值得一遊。下午茶各地都有，想嘗嘗英國與歐洲各式道地的點心與甜食，不妨在下午來到貝蒂茶屋，享受午后陽光和舊時英國上流階層的愜意生活，相信是不會讓人失望的美食之旅。

1.

我恨炸魚薯條

2.
3.
4.
5.
6. 7.

1. 貝蒂茶屋的Café Bar與各式烘焙品。
2. 茶屋內坐滿喝下午茶的客人。
3. 各種造型的水果蛋糕。
4. 各種巧克力餅乾與甜點。
5. 用杏仁糖衣包裹做成的各式小蛋糕。
6. 鹹口味的午茶小點。
7. 覆盆子馬卡龍、水果小塔、接骨木花做的蛋糕。

貝蒂茶屋 Bettys Café Tea Rooms
1 Parliament Street, Harrogate, HG1 2QU, UK
+ 44（0）1423 814 070
http://www.bettys.co.uk/
週日9:00am~5:30pm，週六至週五10:00am~5:30pm

〔貝蒂茶屋〕英國精緻下午茶　Part3_199

約克夏凝乳塔

小·熊·的·英·國·味

這是約克夏地區的特色甜點，
最早時是以製作乳酪剩下的凝乳（Curd）所做出來的乳酪蛋糕，
然而這跟我們所吃的美式乳酪蛋糕口感相當不同，
這種鮮乳酪塔吃時會吃到一顆顆新鮮牛奶凝結出的顆粒，配上多汁的葡萄乾，
不過濃郁的奶香，吃起來不膩口，是很特別的甜點。

材料

- 200g生派皮（Shortcrust Pastry）
- 50g奶油
- 110g細黑砂糖
- 2顆蛋
- 75g牛奶
- 350g新鮮乳酪（Curd Cheese）
- 1個檸檬削下的皮屑（不要削到白色部分）
- 2大匙肉豆蔻（Nutmeg）
- 75g葡萄乾

3.　　　　　　　　　　　　　4.

做法

1. 預熱烤箱至190℃。
2. 將派皮擀開，攤開鋪平在20公分的派盤上，修去多餘的邊。
   入烤箱先烤15分鐘。待冷。
3. 將其餘材料一起拌勻。
4. 倒入派盤中。
5. 繼續烤20分鐘，至表面凝固呈現金黃即成。

我恨炸魚薯條

Beyond Fish & Chips　_200

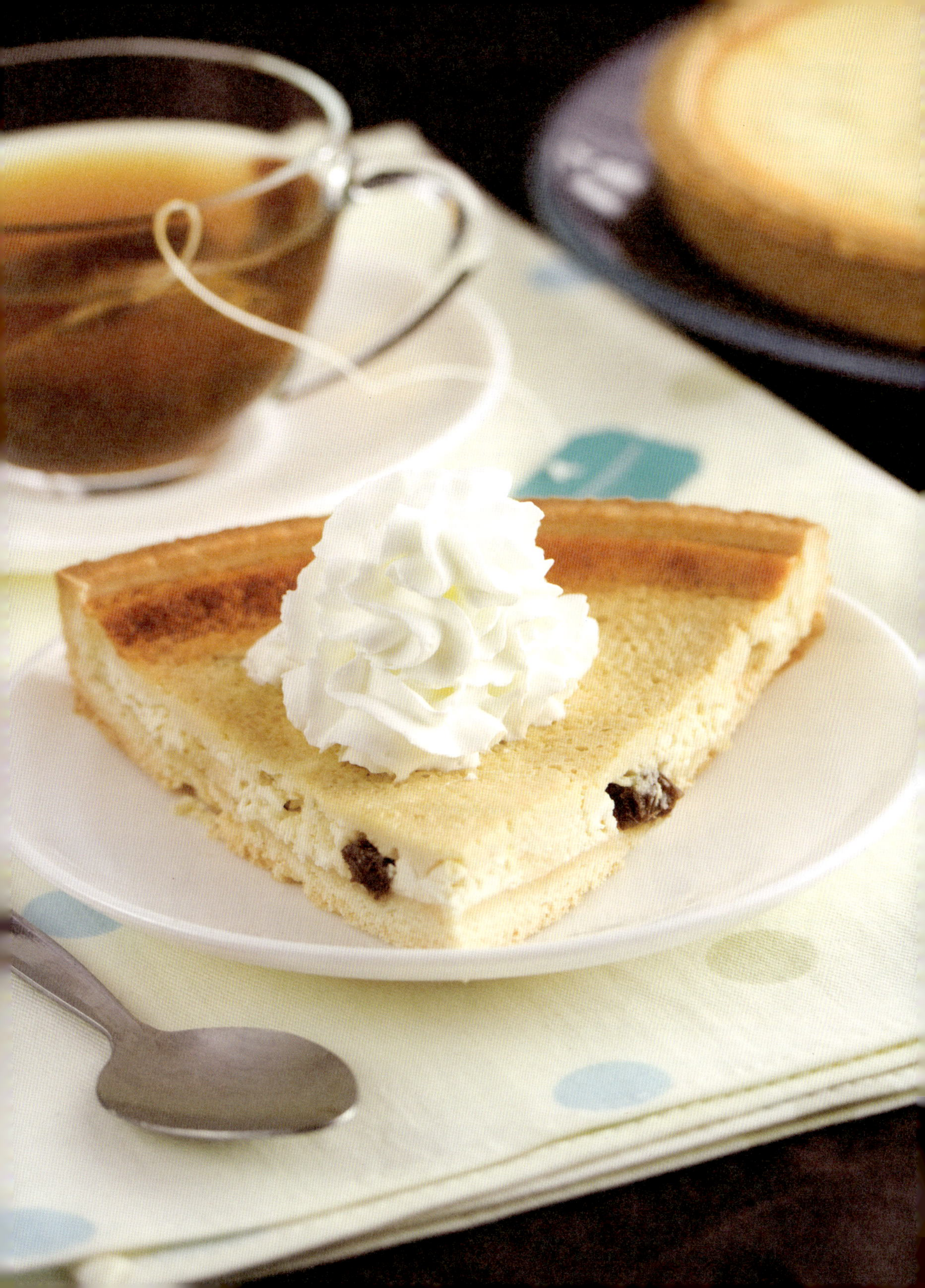

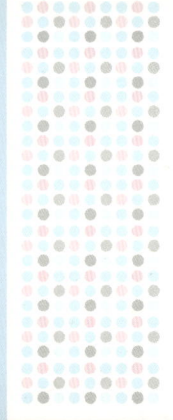

星期日烤肉餐與約克夏布丁

說英國是個以肉——特別是牛肉——為主食的國家，一點也不為過。其實在18世紀之前，英國的肉品品質並不好，後來20世紀時有人研究改良出新品種，如安格斯黑牛，之後陸續有人跟進研究，英國才逐漸成為世上優良畜產品的主要輸出國。就肉品的品質與口味來說，一直處於領先地位。或許是畜牧業者傑出的飼養方式，加上英國土地育養出帶著清甜味的牧草，像是牛肉、小牛肉、羔羊、豬肉等，其肥美可口的滋味，向來是其他地方無法超越的。

維多利亞女王統治時期，上層階級才比較有機會吃肉，肉大都是一大塊來烹煮，如一整隻腿或整個小牲畜，以鐵支串起肉塊放在炭火上旋轉慢烤，如果太小塊一下就烤乾了。這種烤法是古時候人的智慧，他們將大塊肉小心烹煮，先在肉上塗上油脂，再灑上麵粉以形成一層保護，之後再放進爐火中細火慢烤而成。烤好後由專司切肉的侍者來分配這塊肉，最好最多汁的部分會切給主人以及他喜歡的賓客，較乾澀的部分則分給「坐在鹽巴之下」（sit below the salt）的客人，意指地位較低較不富有的階級。而在鹽非常昂貴的都鐸王朝時期（1485-1603），出身較低的階級確實就是坐在搆不著鹽瓶的下桌。

早期，一般小康家庭的火爐都不大，在燃料比肉還貴的情況下，若要烹煮肉類，就得在禮拜天早晨，去教堂做禮拜的路上，順道將那一大塊肉帶到烘焙坊去，因為星期天不做麵包，趁著冗長的作禮拜時間，利用烘焙坊的磚瓦大烤箱，慢慢把肉悶烤熟透，也因為肉夠大塊，才能保留住美味的肉汁。所以在禮拜結束後，再順道去取肉，於是一家人便能享

1. 英國傳統食物：星期日烤肉餐。
2. 烤肉餐與配菜。
3. 其他配菜還有烤或煮熟的小顆馬鈴薯、脆皮烤薯塊、甜菜頭泥。

用星期天下午才有的烤肉午餐了。

而吃剩的肉，加工做成碎肉餅、牧羊人派或蔬菜煎馬鈴薯餅，就是接下來一個禮拜的食物。甚至在40年前，很多英國家庭的晚餐都還是以冷掉的肉為主食，佐以醋泡過的甜菜及醃漬菜，最後以乳酪和餅乾當甜點結束一餐。

直到現在，英國人仍然依戀著這個傳統，在星期天下午吃頓豐富的烤肉餐，所以很多Pub和英式餐廳在禮拜天都會提供這道「星期日烤肉餐」（Sunday Roast）。這道餐點，除了烤肉之外，還有幾個一定會出現的配菜：煮熟的青花菜、花椰菜、切片胡蘿蔔、青豌豆等。還有一種小顆的球芽甘藍（Brussels Sprout）也常在耶誕節時一起上桌共食，有人不喜歡它微苦的味道，我卻覺得它苦中帶甜，一點點蔬菜的自然苦味反而能中和較油膩的烤肉餐，而且外形如魚丸般的綠色小球狀，看起來相當討喜。

其他配菜還有烤或煮熟的小顆馬鈴薯、脆皮烤薯塊、甜菜頭泥等，以及做成圓形直接烤熟的填餡球（Stuffing Ball）。此外，烤肉時滲出的肉汁還會做成醬汁，是整盤烤肉餐主要的調味來源，英國人特別喜歡將它滿滿淋在烤肉餐上。至於約克夏布丁，則像特別設計來盛裝肉汁的麵包碗！

餐台上的約克夏布丁、形狀很不整齊的手工製約克夏布丁。

　　這個皮脆心軟的經典約克夏布丁，是用麵粉、雞蛋、牛奶或水做成，一般是不甜的，配上英式傳統烤肉共食。製作時，放在火爐中正在烤的大肉塊下，讓麵餅能一邊烘烤、一邊吸收滴落下來的肉汁和油脂。過去生活貧困時，會將約克夏布丁當前菜，吃下這個油脂厚重的餅後，主餐就會吃得比較少而省些菜錢。這餅外皮酥脆，內部鬆軟，有個明顯的凹洞，剛好形成小碗狀，可以盛著肉汁一起吃，所以凡是烘烤的肉餐，幾乎都會配上約克夏布丁。過去約克夏布丁做成大碗狀，現在則是小碗，像佐餐麵包般擺在正餐旁。而大碗公的約克夏布丁如今在Pub才會見到，吃時在裡面填入煎好的香腸或肉片，再盛上肉汁、燉牛肉或是肉醬，美味十足。

　　過去只有禮拜天才吃得到的星期日烤肉餐，現在到處都吃得到了，一般Pub會在禮拜天下午供應，以滿足英國人吃烤肉餐的習慣。而非禮拜天其實也不難吃到，像英國很多地方都有這種叫Carvery的烤肉餐館，如Toby和Crown就是兩家很常見的連鎖Pub；carve是指用長型刀將肉片開的動作，而Carvery則是指有供應這種大塊烤肉的餐廳。在這種餐館吃一份星期日烤肉餐相當便宜，下午六點半以前去大概只要五英鎊就能吃到。而且店中做的大塊烤肉甚至比一些高價位餐廳還來得道地可口，加上客人流量大，烤出的肉很快就賣出，所以不會有放太久而烤過乾的情形。店中的蔬菜配料也爽快地切成大塊狀，肉汁與配料都是自行取用，可依個人的胃口自行調整餐點大小。

　　我們較常光顧Toby Carvery，店家通常會準備三種肉類：牛肉、豬肉火腿（Gammon）、整隻火雞胸肉；晚上時段則有烤羊腿及咖哩做變化。這些肉都非

我恨炸魚薯條

Beyond Fish & Chips ＿204

1. 醬料區則有牛肉、火雞肉肉汁，也有蔬食者的無肉「肉汁」。
2. 店家通常會準備三種肉類：牛肉、豬肉火腿、整隻火雞胸肉。
3. 切肉侍者依你的需要片下一大片肉。
4. Toby Carvery烤肉餐館的內部模樣。
5. 風味特殊的烤防風草根是我一定會取用的配菜。

常大塊，排隊點餐時選擇你喜歡的肉類，切肉侍者便依你的需要片下一大片肉，並問你要不要店裡自製的約克夏布丁。他們的布丁與超市或其他地方看到的工廠制式布丁不同，個頭很大，呈現不規則形，卻輕飄飄的像酥鬆威化杯。店中的蔬菜配料也很齊全，風味特殊的烤防風草根是我一定會取用的配菜，這種菜未烹煮時外型像小型白蘿蔔，有種特殊的花香味，煮熟後卻像地瓜般粉質帶點甜味，感覺比吃馬鈴薯有趣多了。醬料區則有牛肉、火雞肉肉汁，也有蔬食者的無肉「肉汁」。此外他們也愛鹹甜的配法，如蔓越莓醬配火雞肉、蘋果醬配火腿、辣根醬配烤牛肉，薄荷綠醬則是佐羊肉食用。

一頓烤肉餐，肉片、蔬菜配料、醬汁、約克夏布丁堆疊在盤中就像座小山，看起來很多，但主要都是以烤或煮的方式烹調，吃起來不會覺得太膩口，大量蔬菜反而感覺很健康。

英國的傳統食物中，星期日烤肉餐特別能體現英國的宗教背景與生活方式。若有機會來到英國，除了炸魚薯條，這道烤肉餐也是不錯的選擇。

Toby Carvery
英國各地都有的烤肉連鎖餐館
http://www.tobycarvery.co.uk/

_205

英式烤豬腳

小·熊·的·英·國·味

英國到處都有賣一種醃漬過的鹹火腿豬腳（Gammon），
切開有如培根般呈現粉紅色，如沒有烹調得當，吃起來多半很鹹。
這種豬腳通常非常便宜，處理起來較花時間，但不麻煩。
做法很隨意，有人甚至煮熟切片就吃了，有時會配上罐頭鳳梨共食，
或是蘋果泥醬，佐以馬鈴薯或炸薯條和燙煮的蔬菜、青豆。
我先煮過去除鹽分，再烤是讓表皮酥脆，所以肉質很軟但皮仍是脆的！

材料
- 1個鹹火腿豬腳
- 2片月桂葉
- 黑胡椒粒
- 1/2條胡蘿蔔、西芹等蔬菜切塊

做法
1. 將買來的豬腳放進鍋中加水、月桂葉與黑胡椒、胡蘿蔔等蔬菜，一起煮開後轉小火煮約2小時，取出。
2. 取出後在表面抹上蜂蜜，入烤箱以190℃烤十分鐘至表面金黃即可取出切片食用。

我恨炸魚薯條

Beyond Fish & Chips _206

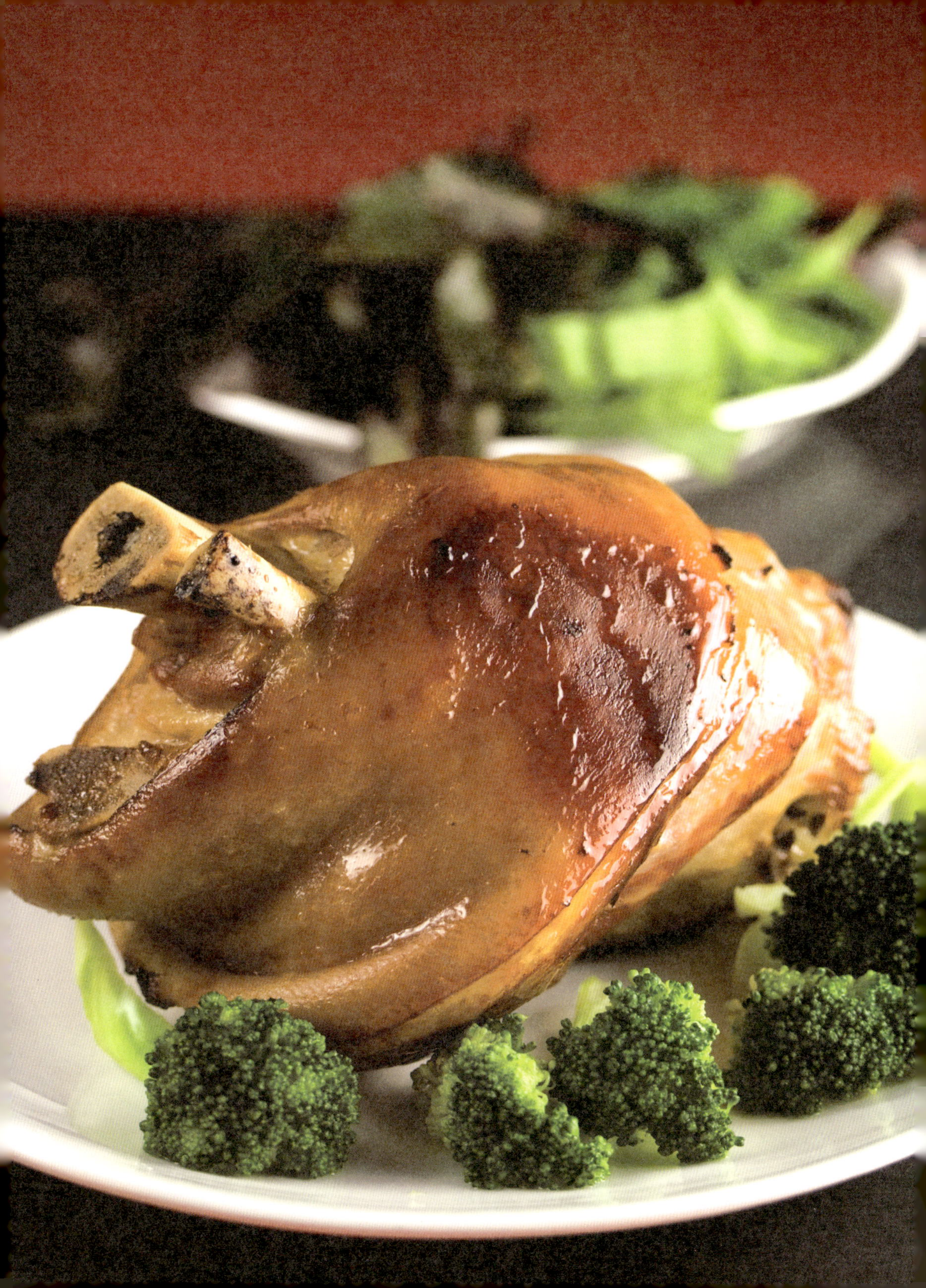

蘇格蘭的
獨特吃食及其他

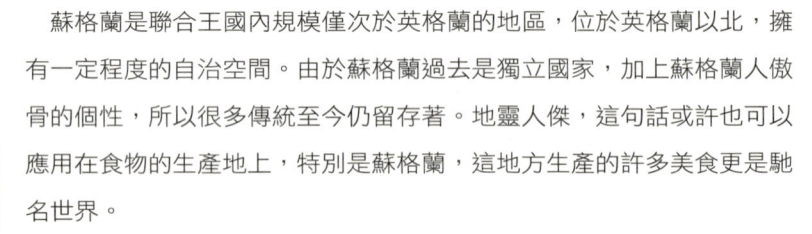

　　蘇格蘭是聯合王國內規模僅次於英格蘭的地區，位於英格蘭以北，擁有一定程度的自治空間。由於蘇格蘭過去是獨立國家，加上蘇格蘭人傲骨的個性，所以很多傳統至今仍留存著。地靈人傑，這句話或許也可以應用在食物的生產地上，特別是蘇格蘭，這地方生產的許多美食更是馳名世界。

　　從英格蘭往北走，來到愛丁堡和格拉斯哥，即進入蘇格蘭的範圍。在蘇格蘭，連空氣的味道都很不同，散發某種辛香的氣息，山區則像打開的鍋蓋，彌漫著絲絲涼意。花崗岩砌的小屋，屋頂覆蓋著茅草，屹立在海風吹拂下的土地上。屋旁是不大的泥炭土墩，只能種著一兩排大麥和燕麥。這些古老的建築都薰染著麥芽發酵過，或被橡木屑的炊煙滲透過的香味。蘇格蘭高地上，放牧著牛羊等牲口，披著一身濃密的鬃毛，眼神銳利得宛如古老的挪威戰士，凝望著光禿禿的山丘與荒野沼地，直到深深的尼斯湖底。蘇格蘭人堅韌不屈服的個性，就是在這樣的環境下薰陶而成，在悠揚的蘇格蘭風笛聲中，譜寫下無數不朽的史詩和浪漫的樂章。

　　蘇格蘭的土地貧瘠，過去只能生產少量農作物與牲口，並靠捕魚、撿拾貝類與海藻維生。主食就是燕麥餅、Bannock麵包、各種溫暖飽肚的湯品、麥片粥、羊肉、鹽漬魚、鯡魚與鯖魚，以及偶爾才有的蝦與鮭魚奢侈品。過去只有少數人口住在蘇格蘭，但隨著北海油田開發，漁村已漸漸被油商和他們帶來的金錢所取代，而有了不同的風貌。

哈吉士（Haggis），這個惡名昭彰的小怪物，應該是最能代表蘇格蘭的食物了。哈吉士的故事很有趣，據說是生長在蘇格蘭高地的謎樣生物，毛髮濃密，渾圓的軀體像顆籃球；也有人說牠是目光炯炯的細腿小豬，甚至說牠與尼斯湖水怪休戚與共。

左. 尼斯湖彌漫著神祕的霧氣。
右. 蘇格蘭高地上放牧的牲口。

Live
GUIDED
CITY TOUR
Hop On Hop Off
MAC TOURS
0131 220 0770
The Edinburgh Tour
SCOTTISH BREAKFAST £5.95
BU05 GJV

1. | 2. 3. 4.　　1. 愛丁堡市區遊客如織，街上滿是觀光巴士。　2. 愛丁堡街頭表演玩火的藝人。
（陳育寬攝）　　3. 在地上作畫的藝術家。　4. 觀光區的明信片架。

可是，蘇格蘭人多會嚴峻否認這玩意是他們發明的。哈吉士說起來就是麥粒肉屑做的巨型球狀香腸，也是過去為了將動物身上的每一部分充分利用而發明的庶民吃食。這個以羊內臟絞碎混合麥片等穀類，加入大量辛香料以去除羊羶味，之後塞入羊胃或腸衣裡再煮熟而成。然而追根究柢，這樣的產物確實不是蘇格蘭人獨有的發明，其他地區也有類似食物，比如之前提到的血布丁。

每年的1月25日是蘇格蘭大量消耗哈吉士的日子。當天晚上稱為「伯恩斯之夜」（Burns' Night），紀念蘇格蘭國民詩人伯恩斯（Robert Burns，1759-1796）的誕辰；而慶典上出現的哈吉士，正是伯恩斯的最愛。這天在享用哈吉士時，必須進行某種儀式。按照傳統，哈吉士會擺放在一個大盤子裡，由廚師端進儀式會場，進場時以風笛伴奏，並朗誦由伯恩斯為哈吉士所做的詩歌〈給哈吉士〉，接著持刀切開哈吉士。大家吟唱哈吉士讚美詩後舉杯慶祝，喝的酒當然就是Uisge Beatha（蓋爾語「威士忌」，意指生命之水）。吃吃喝喝，氣氛達到最高點時，開始唱唱跳跳起來。這一天親朋好友齊聚一堂，一邊享用哈吉士，一邊開懷暢飲，好不熱鬧。

裝有哈吉士的蘇格蘭早餐。

　　然而，並非每個英國人都吃過哈吉士，不少人對它獨特的味道可是敬而遠之。

　　我們旅行蘇格蘭時，就在好幾餐中吃到哈吉士。從餐廳廚房端出來時，都是切片、煎過並整整齊齊排在盤子上，與傳說中的怪物形象相差甚遠。我們第一次吃到是在一家小酒館中，算是前菜，只是簡單兩片，如大米腸切片佐上威士忌芥末奶油醬汁，醇厚的酒香與味道濃烈的哈吉士很搭，所以許多人常把哈吉士當成淺酌威士忌的下酒菜。我第一次吃哈吉士的口感，覺得有點類似軟爛的粽子（仔細想想，哈吉士還真的有些像裹蒸粽），或許店家處理得不錯，並沒有羊的羶味，煮熟再煎過的碎肉麥片泥，徹底吸收了所有肉汁，味道其實還不錯。隔天在下榻的B&B供應的早餐中也有哈吉士，切得厚厚一片，與香腸、煎蛋、茄汁豆一起共食，滋味也不差。

　　超市也販賣真空包裝的哈吉士，但擺在餐盤裡的哈吉士，看起來美味多了。乍看之下，哈吉士很像一道萬聖節會端出的恐怖料理，但真正吃過的人反應都還不錯。不過哈吉士的品質良莠不齊，有的肉味道刺鼻，有的脂肪過多，要不就是加入太多配料，簡直難以下嚥。哈吉士是一道出乎我意料之外的餐點，有機會記得親自嚐嚐。

蘇格蘭還有一些吃了就讓人溫胃暖心的"Hearty Food"，像是以肥羊與蔬菜加上大麥燉煮的蘇格蘭濃湯（Scotch Broth）、燻黑鱈魚與馬鈴薯大蔥煮出的濃白湯（Cullen Skink）、簡單的羽衣甘藍麥粉湯（Kale Brose）、扁豆湯（Lentil Broth）等，都是在寒冷多風的蘇格蘭很受歡迎的家常菜。而配上這些湯的往往就是一些麵餅之類的東西，如很受歡迎的Drop Scone鬆餅、馬鈴薯餅、麥片司康餅等。蘇格蘭人還有一些舉世知名的烘焙甜點，像是叫做「短麵包」（Shortbread）的蘇格蘭奶油酥餅，用的是純正的蘇格蘭高地奶油、麵粉與糖做成，依其外觀來分，還有Petticoat Tails、Oatmeal Shortbread、Ayrshire Shortbread、Balmoral Shortbread等不同類別。其濃濃的奶油香味不知迷煞了多少挑剔的味蕾。特別是在寒涼的下午，配上一壺濃烈的紅茶加牛奶，吃上一片蘇格蘭奶油餅，真是無比幸福滿足！

其他珍饈美味，就不可不提蘇格蘭的鮭魚和鱒魚。鮭魚是蘇格蘭的主要經濟來源。現在野生鮭魚數量遽減，蘇格蘭的北海岸已有許多鮭魚養殖場，而不論野生還是養殖的鮭魚，都會加工處理成冷燻鮭魚，其美味舉世聞名。夏天，鮭魚會先浸泡在加有杜松子、糖蜜、萊姆酒等特殊香辛料的水中完成醃製，之後以淘汰的陳年威士忌橡木酒桶和杜松木

1. 蘇格蘭扁豆濃湯。
2. 很受歡迎的麥片司康餅。
3. 蘇格蘭的小酒館餐廳。

左．當做早餐的煙燻鯡魚。　右．安格斯牛肉做出的酥皮肉派。

的木屑燒出的煙冷燻8-12個小時，即完成這道經典美食。煙燻與醃製以保存肉類魚類的手藝其實很常見，但是技巧上就有優劣之別了。此外，羊肉、牛肉火腿、鯡魚、鱈魚、鯖魚也常拿來燻製。蘇格蘭就有一家品質很好的煙燻房Rannoch Smokery，有機會去蘇格蘭高地不妨去試試他們的煙燻鮭魚、鹿肉與野味，都是較不容易吃到的美味。

　　蘇格蘭的牛肉也是舉世知名的產品，比如安格斯牛（Aberdeen Angus Beef）就是蘇格蘭生產的特殊牛隻品種。「安格斯認證牛肉」（Certified Angus Beef，簡稱CAB），是專門檢定安格斯牛肉的機構，會根據牛肉的柔軟度、顏色、大理石紋的分布狀況來判定，而居然只有將近8%的牛肉符合標準，也就是說只標明「安格斯牛」或「黑安格斯牛」還不見得是「認證的安格斯牛肉」。

　　要稱得上安格斯牛，必須符合以下標準：

1. 基因型，有血統證書的牛，得有出生證明，甚至追溯到兩代都是純正血統。

2. 外形判斷，牛種必須全身有51%都是黑色的毛。

　　然而安格斯牛到底有什麼特別之處呢？

　　這種牛身上帶著一種基因：「肌肉生長抑制素」（Myostatin），而這個基因主要是控制牛肉的蛋白質，潛藏在牛肉成長時的肌肉中，如果牛身上的肌肉生長抑制素不夠強，牛生長時就會產生比較結實、少脂肪的肉來。而安格斯黑牛就是因為擁有這種非常強的肌肉生長抑制素，所以牛肉脂肪較多，也較肥美，也才有比較多的「霜降紋」分布。

此外，在英國吃牛肉還特別講究使肉熟成的過程，稱為"aged"。一般東方人吃肉總會強調要吃新鮮現宰的活體肉，可是其實牛肉的味道，是要經過「熟成」的階段，才會產生更濃郁味美的甘甜味。熟成的方式，是在屠宰後，快速冷藏在華氏38度的儲藏室中，吊掛約14-21天，有點類似做火腿或中國人做臘肉的意思，要讓肉類在空氣中自然「風乾」，使肉中的部分水分抽乾，味道也更濃縮好吃。再者，天然的酵素還會分解肉中的纖維，使肉質更柔軟。

所以許多英國牛肉在販賣時都會特別強調是熟成過的。我買過經過熟成的安格斯牛肉回來烹調，在切塊分裝時，注意到這種肉呈現一種更深沉的暗紅色，摸起來比較結實乾燥，只需用奶油輕煎，便會散發一股濃厚的味道，即使牛肉並沒有明顯的霜降，卻還是柔軟可口。我們在蘇格蘭吃到的安格斯牛排，使用的是加了稀有麥芽威士忌的奶油醬，威士忌的濃香，加上牛肉純正的甜味，真的是唯有一個「美」字能形容了！

這些精良的肉品，以往都是送到南方「進貢」給倫敦的王公貴族享用，蘇格蘭人反而不常吃這些好東西。昔日的蘇格蘭食物反映出生活的艱辛，然而現在情況已經改觀，米其林星級餐廳一家家出現在高地美景之中，餐廳與大飯店供應的是最頂級的餐點，比如當地的龍蝦、都柏林海岸的蝦、螃蟹與干貝等，都被充滿創意的蘇格蘭廚師製作成一道道滋味豐富可口、視覺優雅的作品。來一趟蘇格蘭，只要走對了方向，就能發現數不盡的美麗，大從自然景觀，小至餐盤中的那片橘黃色燻鮭魚，驚喜俯拾可得。

Rannoch Smokery
Kinloch Rannoch, Pitlochry, Perthshire, PH16 5QD, UK
+ 44（0）1796 472 194
http://www.rannochsmokery.co.uk/

印度風蘇格蘭油封鮭魚

小·熊·的·英·國·味

這道菜是參考一位蘇格蘭大廚在某次競賽中的得獎作品。
英國現在最前衛的烹飪法是融合異國風味與當地食材而創造出的無國界料理。
這道菜用濃重的印度香料與蘇格蘭鮭魚做結合，
並使用胡蘿蔔細條做為取代薯條的另一種表現，可說是升級版的炸魚薯條，概念很有趣。
用油封方式烹煮的鮭魚味道更是原味盡現。

材料〔以下分量做出來很多，可以減半使用〕

- 2片蘇格蘭鮭魚排（用1小匙鹽與胡椒略醃一小時）
- 1杯蔬菜油
- 3片乾燥咖哩葉
- 1小把香菜子
- 5個小荳蔻（cardamom）
- 1/2個胡蘿蔔去皮切成火柴棒狀
- 1杯去殼豌豆，煮熟壓成泥，加鹽調味

做法

1. 鍋中熱油，油熱後離火，使溫度稍降。
2. 放進所有香辛料，使香味藉由油溫而緩緩釋出。
3. 放進胡蘿蔔，留在油中浸泡1小時以上（如時間許可，泡一整天更好）。
4. 將入味的胡蘿蔔取出待用。
5. 將泡過胡蘿蔔的油加熱，油熱後離火，溫度稍降後，放入鮭魚。
   （要將魚表面水吸乾，油溫不可過高。）
6. 看見鮭魚泡到油的部分慢慢變成粉紅色後（約五分鐘），再翻面油悶另一面（約2分鐘）。
   鮭魚應該呈現七分熟的狀態，是柔嫩而非乾燥焦黃。
7. 盤子底下放下一大匙豌豆泥，淋上一匙泡過魚的油，酌量撒少許鹽花，
   放上魚及胡蘿蔔，飾以香草葉即可。

Beyond Fish & Chips _216

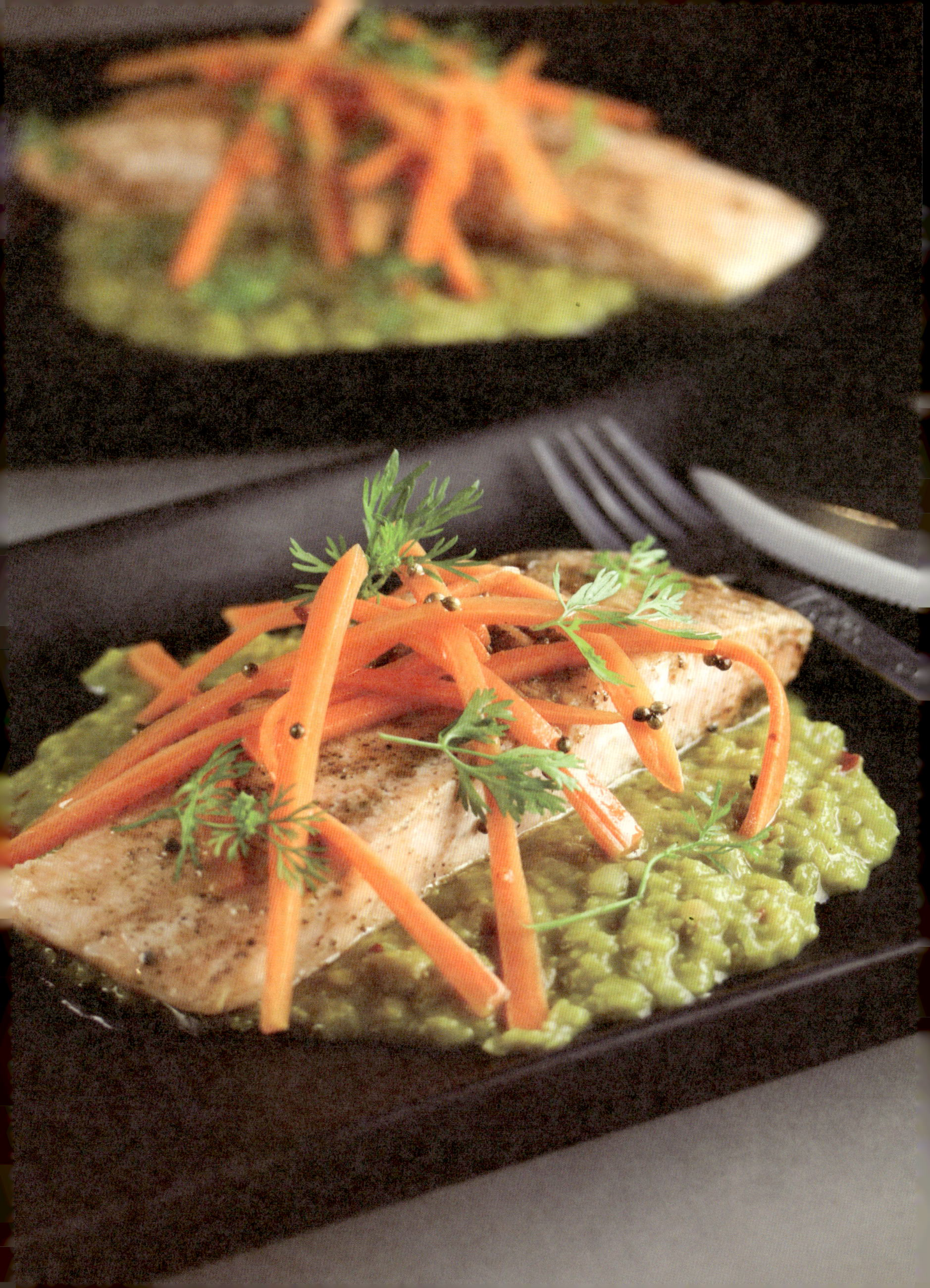

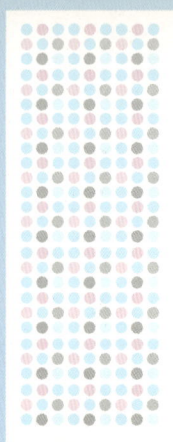

蘇格蘭威士忌
高山溪澗釀的酒：格蘭菲迪

對於威士忌的感覺，一直是味道濃烈辛辣、只要啜一口就會讓人臉紅心跳的飲料。吧台上，暈黃的燈光下，杯中不規則的大冰塊閃爍的液體，是臉上帶著鬍渣的男人會去握著它啜飲的大麥烈酒。

而威士忌確實也是經歷過風霜與淬鍊，吸收了溪澗海風的氣息才臻至完美的酒，彷彿要讓喝者一口飲盡其歲月精華。

我們提到蘇格蘭，就不能不提威士忌，更有人提到英國，就直接與威士忌畫上等號。這英國的經濟命脈，確實值得大書特書！而可以一次飽覽其製作精髓的地區，就在高地的「威士忌之路」（Whisky Trail）上。

英國很多地方都有「某某Trail」的標示，但其實這並不是指一條道路，而是在一地有個同質性強又極具特色的聚集處，為了促進觀光而規畫出來的旅遊動線，比方之前提過的「咖哩之路」、鄰近「威士忌之路」的「城堡之路」、西岸的「海鮮之路」，這種某某Trail之旅相當有趣，可以一次盡覽你感興趣的主題事物。

於是在一次蘇格蘭高地之旅中，「威士忌之路」就是我們此行的重點。想去參觀威士忌酒廠，有部分原因是想了解這個占英國輸出大宗三分之一的金色液體是如何生產，也想去感受這近乎傳奇的酒是怎麼透過環境醞釀出來的。

這條「威士忌之路」位在著名釀酒區斯佩塞（Speyside）的達夫鎮（Dufftown），我們開車前往，卻發現這一區相當荒僻，到處都有小酒廠，但是每家大酒廠之間的距離都好遠，在山間迷魂陣般鑽了兩小時後，好不容易才找到舉世聞名的格蘭菲迪（Glenfiddich）酒廠。它位在

1. 格蘭菲迪威士忌的包裝袋。
2. 城堡之路上的優美景致。
3. 蘇格蘭的自然風景。

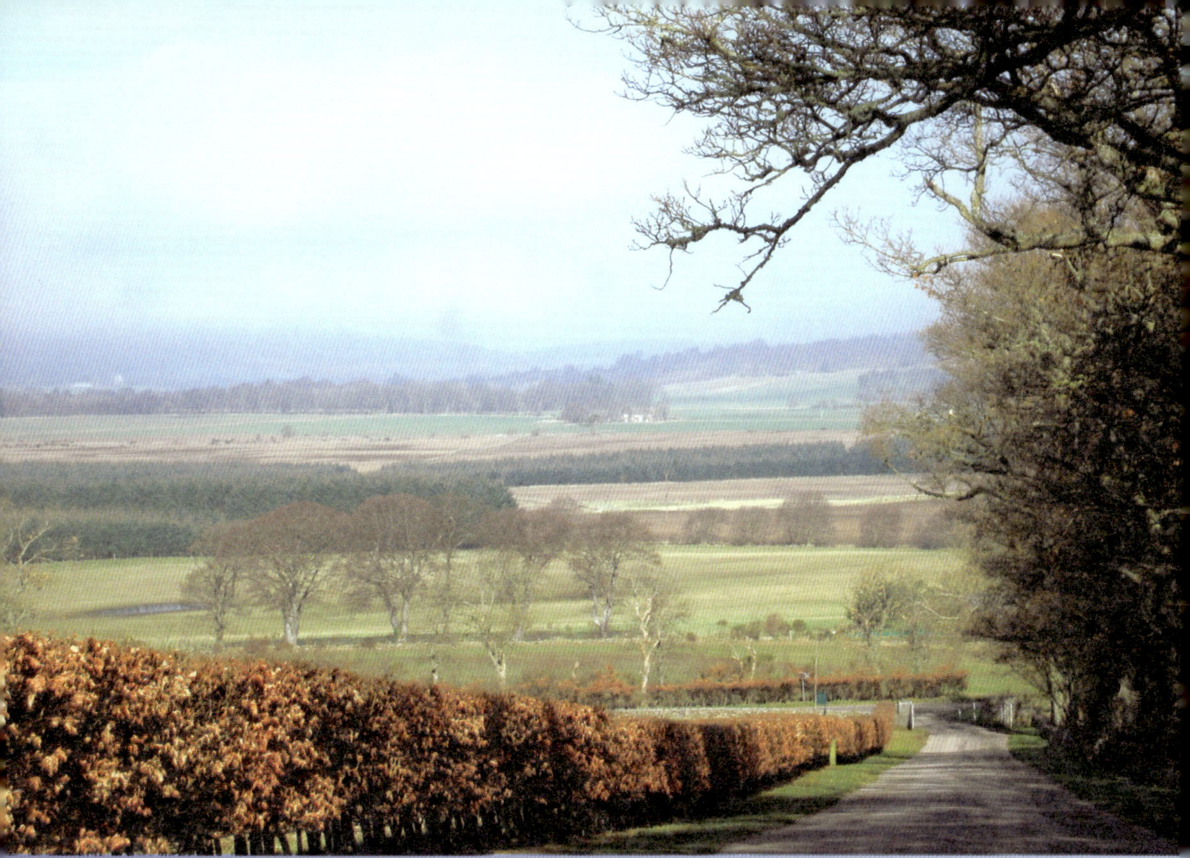

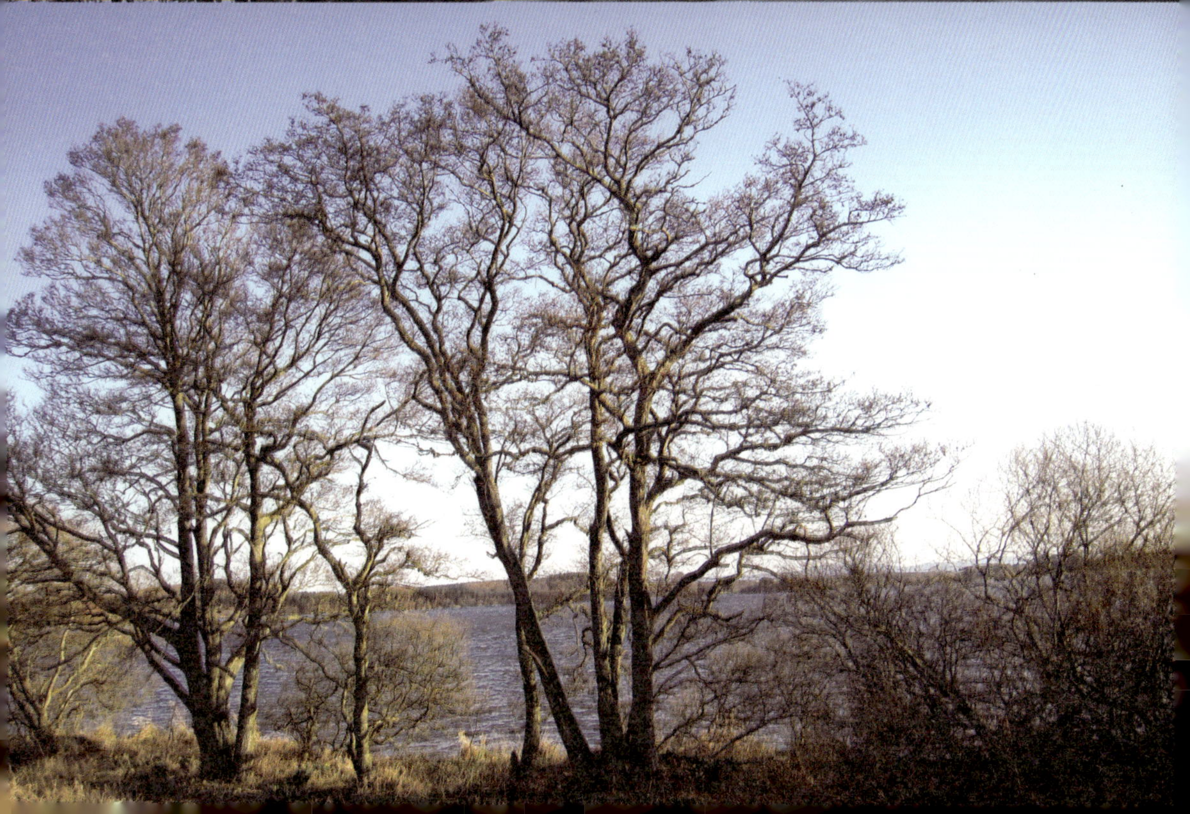

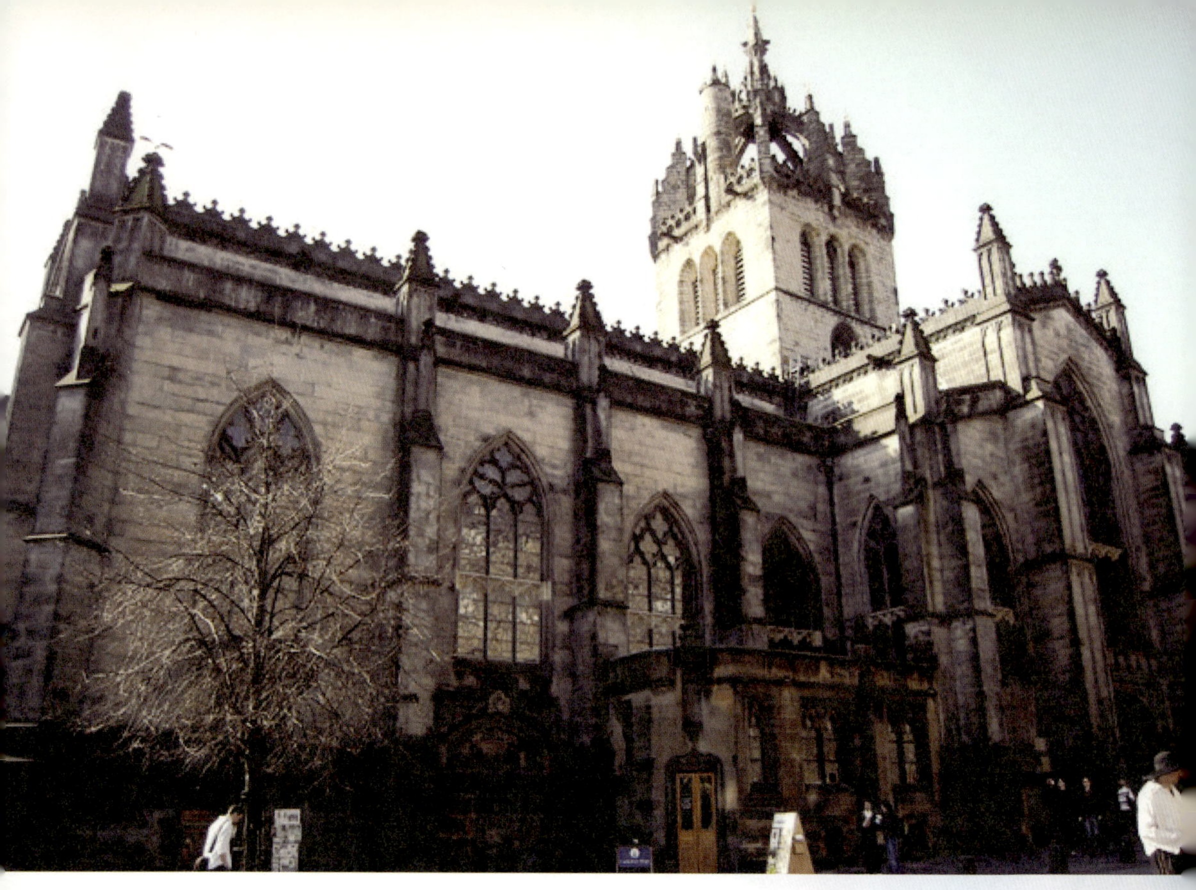

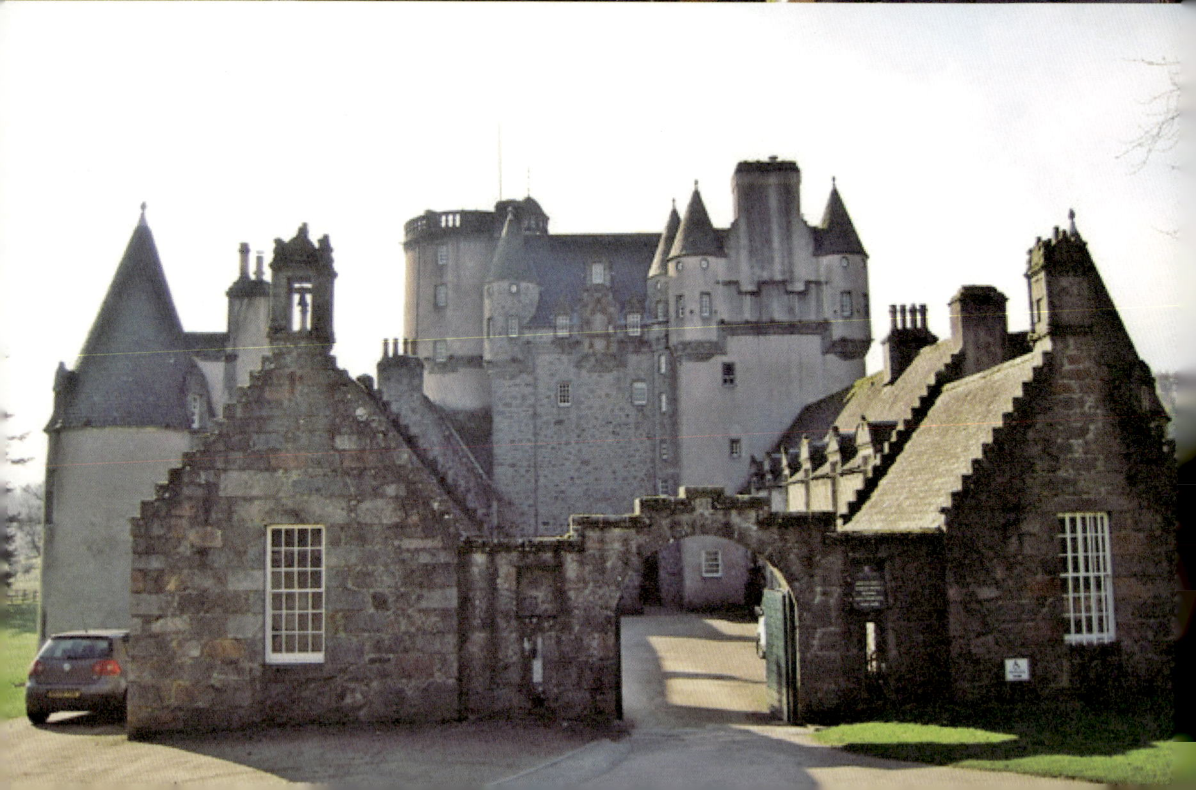

1. | 3. 4. 5.　　1. 愛丁堡的教堂建築。
2. |　　　　　2.3. 城堡之路上的一座中型城堡。
　　　　　　　　4. 愛丁堡的古老建築。
　　　　　　　　5. 城堡之路上的小型城堡。

　　斯佩塞中心，是達夫鎮上最具規模的釀酒廠，就像山中的一塊清靜之地，或許稱不上靈秀，卻擁有高科技科學園區該有的理性與邏輯氛圍。酒廠並不花俏，是棟有著三角屋頂的大廠房，廠房前的蓄水池映著天使藍的天空，這樣簡樸的設計，絕對沒有想取悅任何觀光客眼目的目的。

　　我們在工作人員帶領下，首先從影片中概略認識創建酒廠的先驅與奮鬥開創的歷史：格蘭菲迪酒廠於1886年由威廉‧格蘭（William Grant）在蘇格蘭高地的斯佩塞地區創立。1887年釀造出第一瓶格蘭菲迪威士忌，1963年以「單一純麥威士忌」訴求行銷全球。酒廠有專屬桶匠及銅匠來保養維護橡木桶和蒸餾器，是蘇格蘭高地唯一在酒廠中完成蒸餾、熟成與裝瓶的單一麥芽威士忌。而格蘭菲迪單一麥芽威士忌更是世界銷售第一的單一純麥威士忌。

　　之後這個操著蘇格蘭口音、親切和善的導覽員領我們走出播放室，介紹起威士忌的製作方式與過程，一般可分為以下幾個步驟：

1. 發芽（Malting）

　　導覽員說這道步驟是他們的特色，我想是因為發芽基本上已經改變了醣類本身的結構，所以製造出的麥芽味道獨特，這跟我們講究吃發芽米有類似原理，因為發芽過的穀物其營養結構已經改變，發芽中的植物體內含有一種生長酵素，而酵素就跟酵母一樣，是讓食物或飲品產生醇厚久遠香味的

1.
2.
3.
1. 格蘭菲迪酒廠的一側外觀。
2. 酒廠中放在櫥窗裡展示的一支珍貴的酒。
3. 酒廠外有個象徵格蘭菲迪的馴鹿雕像。

重要來源。格蘭迪菲酒廠用的是蘇格蘭地區特有盛產的大麥（Barley）作為原料，先將它清理乾淨去除雜質後再浸泡於溫水中，大約要一至二週時間使其發芽，接著取出烘乾，特別的是用泥煤來燻乾，冷卻後再儲放約一個月，如此便使格蘭菲迪威士忌產生一種特殊香氣，非常有特色。

2. 磨碎（Mashing）

將儲放一個月的麥類放入不銹鋼槽中搗碎並煮成麥汁，這個過程約需8至12小時。磨碎時，溫度和時間控制相當重要，一如我們打蔬菜汁，打太久導致溫度過高，高溫使養分流失，影響麥芽汁的品質。每個細節都是關鍵！

3. 發酵（Fermentation）

麥芽汁冷卻後加入酵母菌發酵，酵母負責將麥芽汁中的醣轉化成酒精。酵母的種類很多，不同種的酵母又會影響製作結果。我當時詢問導覽人員酵母的種類和名字，導覽人立即睜大眼抬高眉看著我，說：「喔，這可是最高機密哪！」

4. 蒸餾（Distillation）

麥芽汁發酵後形成低酒精度的Beer，還需經過蒸餾的濃縮作用才能形成威士忌，而這時的酒精濃度約在60%～70%，稱為「新酒」。第二次蒸餾後的酒因其頭尾部分不夠精純，便去其頭尾，只取中間的酒心（Heart）成為威士忌。格蘭迪菲酒廠取酒心的比例在60%左右，通常由有經驗的技師依每批Beer的狀況來決定。

一直到這個步驟，我們才得以親睹酒廠內部的實際運作。

我恨炸魚薯條

Beyond Fish & Chips _222

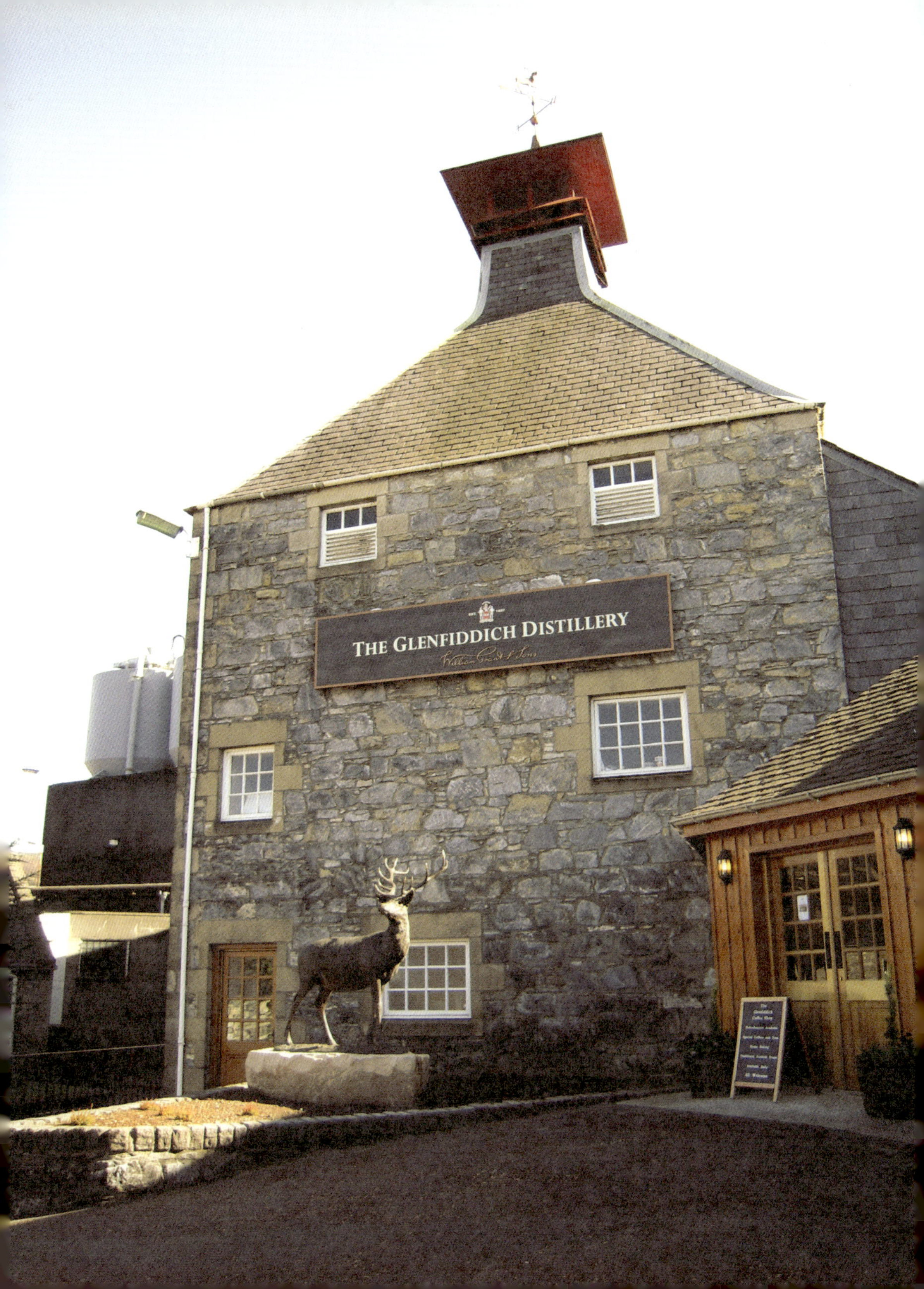
THE GLENFIDDICH DISTILLERY
William Grant & Sons

左. 巨大的蒸餾室，蒸餾器的造型像巨型阿拉伯神燈。
右. 窖藏威士忌的地方。

我們被帶去參觀巨大的蒸餾室，蒸餾器的數量與大小很驚人，實際上大約都有五公尺高，像個巨型阿拉伯神燈，金黃的鐵銅顏色散出濃烈酒香，讓人有置身酒國皇宮的錯覺。

5. 熟成（Maturing）

蒸餾過的新酒得再經熟成才可飲用，否則其風味粗澀難入口。希望透過橡木桶吸收植物的天然香氣，釀出漂亮的琥珀色酒，並降低酒精濃度。熟成時間從四、五年到數十年不等。

參觀行程在此被安排進入窖藏威士忌的地方，門上印著No.1。是的，這就是格蘭迪菲的第一座倉庫，是創辦人格蘭先生和兒子們一磚一瓦打造的，但現在這個小倉庫無法負荷龐大的銷售量，便堆疊些威士忌酒桶供展示解說之用。導覽員介

紹不同木材製造的酒桶在威士忌口味中扮演的角色，比如橡木桶和其他木桶有何不同，有的因此帶出果香甚或蜜糖香。就是這道過程，使橡木桶中的威士忌變成有機體，充分吸收蘇格蘭高地的空氣、沿岸的鹹海風、山中溪澗的甜美，並與土地中的植物（如石南）產生密切的交互作用，釀出這風味奧妙的金色液體。

曾有一位釀酒人說：蘇格蘭的威士忌有三分之一獻祭給天上的天使，並因著他們的祝福而成就了這個天使般的飲品！

他這麼說，是因為威士忌在橡木桶中蒸發與吸收空氣的吸納熟成過程中，成酒的分量只會縮減為原來的三分之二，其餘都蒸發在空氣中。難怪蘇格蘭的空氣永遠彌漫著一股說不出的香氣，而我們與天使共享一杯美酒，想來怎不浪漫。

6. 調配（Blending）

不同麥類及穀類釀造的威士忌也各有特色，這時得依據調酒師的技術及經驗調製出口味獨特的威士忌，通常會再對上一定比例的清水，使酒精濃度符合蘇格蘭威士忌的規定標準，或是調入不同的威士忌，或配上香甜的蜂蜜或香草，做成類似利口酒的成品。

7. 裝瓶（Bottling）

裝瓶前得先將調配好的威士忌再過濾一次，去除雜質。而裝瓶其實也會影響一支酒對消費者的印象，就如價昂的香水也一定要有琉璃瓶盛裝，醞釀了數十寒暑的威士忌更是要穿戴體面，與想一親芳澤的品酒人見面。

販賣部的展示架上擺著一瓶瓶等級年份不一的威士忌。

　　在酒廠雅緻的展示販賣部，一瓶瓶各個等級年份的威士忌就像士兵般屹立在展售架上，美感與威武並具，讓人感覺可親又遙不可及，每一瓶都是酒廠的精心作品。

　　導覽最後是讓人期待的品酒時間，這時就必須交由舌尖來評斷印證了。如何品嘗蘇格蘭威士忌呢？導覽員介紹首先要仔細觀察顏色，顏色越清澄，表示酒齡越年輕；如果顏色呈現蜜糖色，表示是熟齡的威士忌。接下來要嗅聞酒散發出來的香味，此時可以加一點水進去沖淡其酒精濃度，先淺聞再深深吸入，則有不同的嗅感。品嘗時以酒就口，先抿在口中停留一會兒，再以舌頭感受是否與聞起來的味道相似？與空氣接觸時間長短對味道的改變為何？

　　我們被帶到一個小吧檯，酒廠招待我們喝的是12年份的威士忌，與另一款加了蜂蜜接近利口酒的調味威士忌。雖然每杯只有一小口，可是濃烈又帶著淡淡果香的複雜味道，只需要一小滴，就能充塞你的舌尖味蕾！這樣的一滴，即是蘇格蘭高地化育的結晶，讓我們一口就喝到這塊土地的日月精華。

　　這趟威士忌之旅，我看到的不只是一瓶酒的釀造與成型，更是經過時間淬鍊、釀造、蒸餾與熟成，透著麥香和濃郁酒香的心血結晶。

威士忌的迷人，就像一個具有獨特個性與氣質的人，有一點點極端，有一點點特立獨行，也像英國給人的感覺：可以莊重典雅，可以狂傲粗獷，味道濃烈又讓人回味再三。討厭它的人一口也嚥不下；愛它的，卻是一天不能沒有它！
是不是就讓我們舉起杯，喝喝看這杯英國歲月釀的酒吧！

格蘭菲迪酒廠 Glenfiddich Distillery
- Dufftown, Banffshire, Dufftown, AB55 4DH, UK
- + 44（0）1340 820 373
- http://www.glenfiddich.com/distillery/index.html
- 週一至週六9:30am~4:30pm，週日12:00pm~4:30pm

酒廠的餐廳，在此可吃到威士忌做出的特色甜品與蛋糕。

裸麥麵包威士忌
咖啡冰淇淋

小·熊·的·英·國·味

裸麥Barley，也就是用來釀造威士忌的大麥。
在蘇格蘭也有許多大麥做的麵包，用這種雜糧風味的黑麵包加上砂糖一起烤脆成麵包脆片，那種麵香與焦糖香融合出的風味非常特殊，在濃郁的冰淇淋中融合了威士忌的香醇，深厚美味，餘韻留存，間或咬到如堅果般香脆的麵包脆塊，非常好吃。
麵包部分亦可使用一般的歐式麵包代替，味道稍有不同。

材料〔成品約5個〕

- 75g裸麥麵包碎塊
- 60g黑糖粉
- 30g融化的奶油
- 3個大蛋，將蛋白蛋黃分開
- 1大匙威士忌
- 270ml純鮮奶油（盡量不要用植物性奶油）
- 75g糖粉
- 1大匙咖啡粉融於1大匙熱水

做法

1. 將麵包、奶油、黑糖粉一起混合攪拌均勻，放進烤盤中，以170℃烤20分鐘至麵包塊變脆變乾。
2. 將蛋白放入無油的鋼盆中，以電動打蛋器打至硬性發泡。
3. 將其餘材料一起放進另一盆，整個以打蛋器打至鬆發。
4. 將2.與3.兩者輕且快地徹底拌勻，小心不要使氣泡消失。
5. 放進麵包脆塊拌勻。
6. 放進容器中，置入冰庫中至少4小時使結凍即完成。
7. 食用前可先放在室溫約15分鐘軟化，比較容易挖取食用。

〔蘇格蘭威士忌〕高山溪澗釀的酒：格蘭菲迪

Part3 _229

威士忌冷氣泡酒（High Ball）

小・熊・的・英・國・味

一般而言，High Ball這個名字是指混合了高酒精濃度的酒與碳酸水而成的飲料，
混配方法很多，多是以長桶杯盛裝。
這個以威士忌混合氣泡水而成的飲料相當順口，
淡化了的威士忌反而更能喝出香味，
是一款適合作為雞尾酒的飲品。

做法

1. 冰塊加到滿杯。
2. 倒入威士忌（任何你喜歡的品牌）至約1/3高度。
3. 以長匙快速攪拌13圈半。
4. 再次將冰塊補滿。
5. 加氣泡水水到約八分滿。

英國美食哪裡找？精選店家蒐錄

英國東南：倫敦、布萊頓、劍橋

* **Fortnum & Mason食品百貨**
  181 Piccadilly, London, W1J 9, UK　+44 (0) 20 7734 8040　http://www.fortnumandmason.com/
  週一至週六10:00am~8:00pm，週日12:00pm~6:00pm

* **肥鴨餐廳The Fat Duck**
  High Street, Bray, Maidenhead, SL6 2AA, UK　+44 (0) 1628 580 333　http://www.fatduck.co.uk/
  週二至週六12:00pm~2:00pm，7:00~9:30pm（週五和週六營業至10:00pm），週日12:00pm~3:00pm

* **The Hinds Head餐廳**
  High Street, Bray, Maidenhead, Berkshire, SL6 2AB, UK　+44 (0) 1628 626 151　http://www.fortnumandmason.com
  週一至週六11:00am~11:00pm，供餐12:00pm~2:30pm，6:30pm~9:30pm，週日12:00pm~10:00pm，供餐12:00pm~4:00pm

* **巴羅市場Borough Market**
  8 Southwark Street, London, SE1 1TL, UK　+44 (0) 20 7407 1002　http://www.boroughmarket.org.uk/
  週二11:00am~5:00pm，週五12:00pm~6:00pm

* **Bill's Produce Store餐廳**
  100 North Road, Brighton BN1 1YE, UK　+44 (0) 1273 692 894　scott@billsproducestore.co.uk
  週一至週六8:00am~10pm，週日9:00am~10:00pm

* **The Orchard果園茶屋**
  45-47 Mill Way, Grantchester, Cambridge, Cambridgeshire, CB3 9ND, UK　+44 (0) 1223 845 788
  http://www.orchard-grantchester.com/
  12月至2月週一至週日9:30am~4:30pm，3月至5月&9月至11月週一至週日9:30am~5:30pm，6月至8月週一至週日9:30am~7:00pm

* **「肉的藝術」肉舖The Art of Meat**
  45 Arbury Court, Chesterton, Cambridge, CB4 2JQ, UK　+44 (0) 1223 350 950
  週一至週五7:00am~5:00pm，週六7:00am~3:30pm

英國西南：威爾斯、安格西、卡地夫灣、康瓦耳、得文

* **史旺西市場Swansea Market**
  Oxford Street, Castle, Swansea, SA1 3, UK　+44 (0) 1792 654 296　http://www.swanseamarket.co.uk/
  週一至週五8:00am~5:30pm，週六7:30am~5:30pm

* **Deri Isaf民宿**
  Ynys Mon, Dulas, LL70 9DX, UK　+44 (0) 1248 410 536

* **Lobster Pot餐廳**
  Church Bay, Anglesey, North Wales, LL65 4EU, UK　+44 (0) 1407 730 241　http://www.lobster-pot.net/
  2月至11月週二至週六午餐12:00pm~1:30pm，晚餐6:00pm起

* **The Crown餐廳**
  Whitebrook, nr Monmouth, Hereford, NP25 4TX, UK　+44 (0) 600 860 254　http://www.crownatwhitebrook.co.uk/
  週一至週日12:00pm~2:00pm，週一至週日7:00pm~9:00pm（週六至9:30pm）

* **The Seafood Restaurant**
  Riverside, Padstow, Cornwall, PL28 8BY, UK　+44 (0) 1841 532 700　http://www.rickstein.com/
  週一至週日午餐12:00pm~2:30pm，週日至週四晚餐7:00pm~10:00pm，週五至週六晚餐6:30pm~10:00pm

* **St Petroc's Bistro**
  4 New Street, Padstow, PL28 8EA, UK　+44 (0) 1841 532 700　http://www.rickstein.com/
  週一至週日午餐12.0 pm~2:30pm，週日至週四晚餐7:00pm~10:00pm，週五至週六晚餐6:30pm~10:00pm

* **Stein's Patisserie**
  1 Lanadwell Street, Padstow, Cornwall, PL28 8AN, UK　+44 (0) 1841 533 901　http://www.rickstein.com/
  週一至週六9:00am~5:00pm，週日10:00am~4:00pm

* **The Holt酒館**
  178 High Street, Honiton, Devon EX14 1LA, UK　+44 (0) 1404 47707　http://www.theholt-honiton.com/

英國西北：蘭開夏、曼徹斯特、湖區

* **Northcote餐廳**
  Northcote Road, Langho, Blackburn, BB6 8BE, UK　+44 (0) 1254 240 555　http://www.northcote.com/
  午餐週一至週六12:00pm~1:30pm，週日至2:00pm；晚餐週一至週五7:00pm~9:30pm，週六6:30pm~9:30pm，週日7:00pm~9:00pm

* **羊城餐廳Yang Sing**
  34 Princess Street Manchester M1 4JY, UK　+44 (0) 161 236 2200　http://www.yang-sing.com/restaurant/index.html
  週一至週五12:00pm~11:45pm（週五至12:15pm），週六12:00pm~12:15am，週日12:00pm~10:45pm

* **太湖大酒樓Tai Wu Cantonese Restaurant**
  44 Oxford Street, Manchester, Lancashire, M1 5EJ, UK　+44 (0) 161 236 6557　http://www.nhad.co.uk/nhad/TaiWu/
  每日12:00pm~17:00pm&17:30pm~22:00pm

* **金煌大酒樓Glamorous Chinese Restaurant**
  Wing Yip Business Centre, 1st & 2nd Floor, Oldham Road, Ancoats, Manchester, M4 5HU, UK　+44 (0) 161 839 3312
  http://www.glamorous-restaurant.co.uk/　週一至週五11:30am~23:00pm，週六至週日11:30am~12:30am

* **喜臨門酒樓Tai Pan Restaurant**
  81-97 Upper Brook Street, Manchester, Lancashire, M13 9TX, UK　+44 (0) 161 273 2798

* **The Indian Ocean Restaurant**
  83 Stamford Street East, Ashton-under-Lyne, Lancashire, OL6 6QH, UK　+44 (0) 161 343 3333
  http://www.indianoceanonline.co.uk/
  週一至週四5:00pm~11:00pm，週五至週六5:00pm~午夜，週日3:00pm~10:30pm

* **Al Bilal餐廳**
  87-89, Wilmslow Rd, Manchester, Lancashire M014 5SU, UK　+44 (0) 161 257 0006
  週日至週四12:00pm~12:00am，週五至週六12:00pm~1:00am

* **Shere Khan餐廳**
  Unit 3, Ifco Centre,52 Wilmslow Rd, Rusholme, Manchester M14 5TQ, UK　+44 (0) 161 256 2624
  週一至週五10:00am~午夜，週六9:00am~午夜，週日11:00am~午夜

* **Sillfield Farm肉舖**
  Endmoor, Kendal, Cumbria, LA8 OHZ, UK　+44 (0) 15395 67483　http://www.sillfield.co.uk/
  商店週四至週六10:00am~5:00pm，週日10:00am~4:00pm

* **The Toffee Shop太妃糖專賣店**
  7 Brunswick Road, Penrith, Cumbria, CA11 7LU, UK　+44 (0) 1768 862008
  http://www.thetoffeeshop.co.uk/

* **The Grasmere Gingerbread Shop薑餅屋**
  Chuch Cottage, Grasmere, Ambleside, Cumbria, LA22 9SW, UK　+44 (0) 1539 435 428
  http://www.grasmeregingerbread.co.uk/　週一至週六9:15am~5:30pm，週日12:30pm~5:30pm

* **James & John Graham Family Grocers食品雜貨店**
  6-7 Market Square, Penrith, CA11 7BS, UK　+44 (0) 1768 862 281　http://www.jjgraham.co.uk/

英國北部：約克夏、蘇格蘭

* **貝蒂茶屋Bettys Café Tea Rooms**
  1 Parliament Street, Harrogate, HG1 2QU, UK　+44 (0) 1423 814 070　http://www.bettys.co.uk/
  週日9:00am~5:30pm，週六至週五10:00am~5:30pm

* **Toby Carvery烤肉餐館**
  http://www.tobycarvery.co.uk

* **Rannoch Smokery煙燻房**
  Kinloch Rannoch, Pitlochry, Perthshire, PH16 5QD, UK　+44 (0) 1796 472 194　http://www.rannochsmokery.co.uk/

* **格蘭菲迪酒廠Glenfiddich Distillery**
  Dufftown, Banffshire, Dufftown, AB55 4DH, UK　+44 (0) 1340 820 373　http://www.glenfiddich.com/distillery/index.html
  週一至週六9:30am~4:30pm，週日12:00pm~4:30pm

我恨炸魚薯條——愛上英國美味

作　　　者	熊怡凱
主　　　編	曹慧
美術設計	bbccStudio
行銷企畫	林昀瑄
社　　　長	郭重興
發行人兼 出版總監	曾大福
總　編　輯	徐慶雯

編輯出版——繆思出版有限公司
　　　　　E-mail: muses@sinobooks.com.tw
發　　　行——遠足文化事業股份有限公司
　　　　　http://www.sinobooks.com.tw
　　　　　23141 台北縣新店市中正路 506 號 4 樓
　　　　　客服專線：0800-221029　傳真：（02）86673250
　　　　　郵撥帳號：19504465　戶名：遠足文化事業股份有限公司
法律顧問——華洋國際專利商標事務所　蘇文生律師
印　　　製——成陽印刷股份有限公司
初版一刷——2010 年 4 月
初版二刷——2010 年 4 月 10 日
定　　　價——320 元

版權所有・翻印必究・缺頁或破損請寄回更換

國家圖書館出版品預行編目資料

我恨炸魚薯條：愛上英國美味 / 熊怡凱著
. -- 初版. -- 臺北縣新店市：繆思出版：
遠足文化發行, 2010.03
　面；　公分. -- (living；1)

ISBN 978-986-6665-40-0(平裝)

1. 飲食風俗 2. 文化 3. 英國

538.7841　　　　　　　　　　99002698

North of UK
英國北部

{ Scotland } 蘇格蘭

{Yorkshire} 約克

{Lancashire} 蘭開夏

{Lake District} 湖區

{Manchester} 曼徹斯特